독서로
쓰다

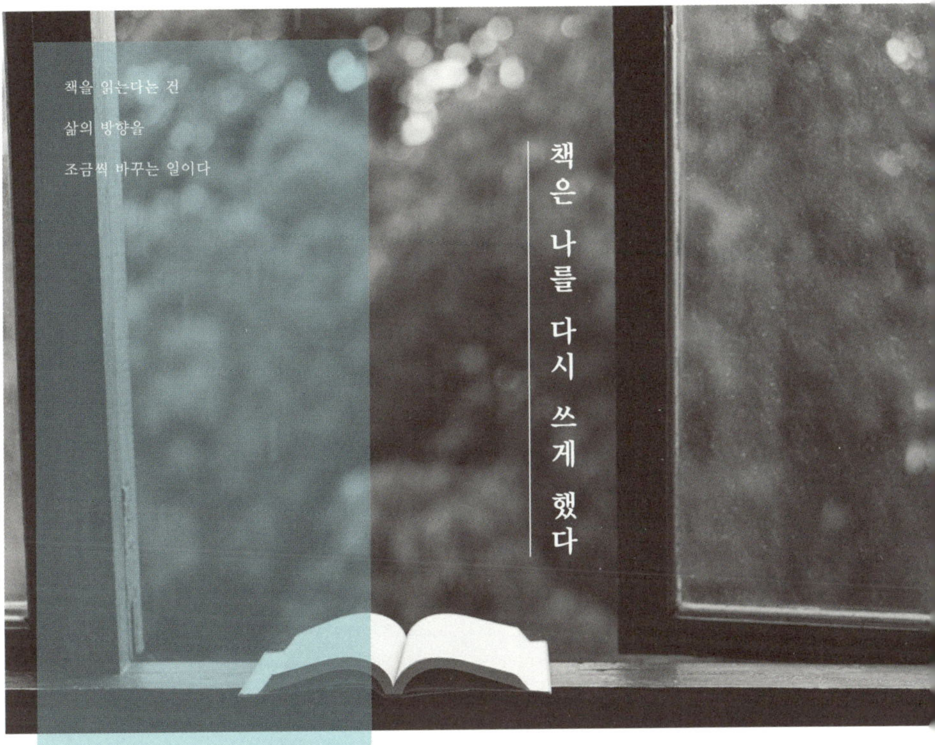

책을 읽는다는 건
삶의 방향을
조금씩 바꾸는 일이다

책은 나를 다시 쓰게 했다

장하영 지음

독서로
쓰다

프롤로그

삶이 조금씩 나아지는 경험을, 나는 책을 통해 배웠다. 한 권 한 권, 책을 읽으며 '나는 나를' 다시 쓰는 사람이 되었다. 형제가 많아서 혼자만의 시간이 없던 어린 시절, 가족 안에서 쉽게 꺼낼 수 없던 감정들이 있었다. 지독하게 외롭고 혼란스럽던 그 시간에 내 곁에 있어준 건 책이었다.

누군가의 목소리로 쓰인 문장은 나를 위로했고, 다른 누군가의 고백은 내 아픔을 대신 말해주었다. 그 시절, 나는 독서를 통해 시대를 건넜다. 전쟁터에서 사색하던 병사의 눈으로 세상을 보았고, 혁명의 소용돌이에서 인간의 내면을 마주했으며, 먼 나라의 낯선 이름을 지닌 아이와 함께 거리를 걸었다. 때론 작가의 숨결이 느껴질 만큼 가까이에서, 나는 그들과 대화를 나누었다. 그들의 절망과 희망, 사랑과 상실을 통해, 나는 내 인생의 질문에 답을 얻었다.

책은 내게 공부의 바탕이 되어주었다. 학위를 네 개나 받을 수 있었던 것도, 어렵고 낯선 개념들을 두려워하지 않고 다가갈 수 있었던 것도 모두 독서 덕분이었다. 문장을 오래 붙잡고 있는 훈련, 읽은 것을 곱씹는 습관, 이해하려는 끈기.

이 모든 것은 책에서 비롯되었다. 나는 특별한 사람도 아니고, 머리가 남다른 것도 아니다. 하지만 책을 읽음으로써 나는 조금 더 나은 방향으로 나아올 수 있었다.

지금 당신이 외롭다면, 책을 펼쳐라. 그 안에는 수백, 수천의 인생이 살아 있다. 다른 사람의 시선을 빌려 세상을 바라보고, 당신의 삶을 다시 돌아보게 될 것이다. 혼자서는 힘들다면, 독서 모임을 찾아도 좋다. 낯선 사람들이 같은 책을 읽으며 서로의 마음을 나누는 일은 생각보다 큰 위로가 된다. 때론 속도가 느릴 수도 있고, 어떤 날은 단 한 줄도 읽히지 않을 수도 있다. 괜찮다. 그 모든 시간이 당신을 만든다.

어떻게든 읽으라. 그저 종이 위의 글자를 읽는 일이 아니다. 그건 당신을 새로 쓰는 일이며, 세계와 다시 연결되는 길이다. 당신의 인생은 반드시 달라질 것이다. 그리고 이 책, 『독서를 쓰다』로 그런 변화의 시작이 되기를 바란다.

정하성

차례

프롤로그 – 나는 왜 책을 들었는가? – 4

1장

삶과 닿는 독서의 다섯 가지 방식

- 슬로리딩   – 13
- 아웃풋 독서   – 14
- 주제 독서   – 15
- 반복 독서   – 15
- 틈새 독서   – 16

2장

내가 읽은 책들 – 문장을 따라 걷는 기록

- 『죄와 벌』   – 21
- 『황무지』   – 24
- 『난장이가 쏘아올린 작은 공』   – 26

- 『그리고 아무 말도 하지 않았다』 - 29
- 『사람의 아들』 - 31
- 『칼의 노래』 - 34
- 『읽다』 - 37
- 『노르웨이의 숲』 - 40
- 『우상과 이성』 - 43
- 『생의 한가운데』 - 46

3장

언어는 사고를 지배한다

1. 언어는 사고를 지배한다 - 53
2. 기록과 책임 사이에서 『혼불』을 다시 읽다 - 59

4장

독립서점 - 문득 나를 기다리는 골목 끝 책방

- 독립서점 여행기 한 번 떠나보세요 - 69
- 전국 주요 도시 독립서점 안내 (경주, 대구, 제주, 서울, 부산, 전주) - 73
- 도시의 결, 책의 결 - 85
- 독서 장비: 독서도 장비빨이다 - 87

5장

독서 모임 – 책을 사이에 두고 서로를 읽어가는 '연결'

1. 독서 모임의 시작과 목적 — 98
2. 운영 방식 — 99
3. 독서 모임이 가져오는 변화 — 99
4. 독서 모임의 다양한 형태 – 나에게 맞는 독서 모임 찾기 — 100

6장

〈울산저널〉 연재 『독서는 힘이다』

- 기록이 주는 영광 — 107
- 책, 이제 자신에게 맞게 읽어라! — 112
- 디지털 활용 독서 — 117
- 책읽기 좋은 조건, 가을! — 121
- 형광펜과 형광펜을 활용한 독서 기록법 — 126
- 기적의 노트 기록법 — 131
- 독서도 장비빨 — 137
- 독서는 힘이다: 포스트잇을 활용한 독서 기록의 효과 — 143
- 실패의 역설(逆說) — 151
- 독서기록장의 의미와 효능 — 156

- 성공의 직조(直照) - 161
- 독서 모임 - 166
- 이기적 배려 - 171
- 삶의 길은 책이 만든다 - 176
- 배려의 경계를 넘어서 - 180
- 친절한 무관심 - 184
- 사설을 읽으시나요? - 188
- 신년기원 (新年祈願) - 192
- 이월찬가(二月讚歌) - 197
- 우호적(友好的) 무관심 - 201
- 몰입 독서 - 206
- 비 오는 날, 책장이 더 잘 넘어가는 이유 - 210
- 책은 늙지 않는다 - 214

부록
어른의 맞춤법 – 품격 있는 글을 위한 언어 훈련 - 219

에필로그 – 책은 나를 읽는 도구였다 - 233

1장

/

삶과 닿는
독서의
다섯 가지 방식

우리는 모두 책을 읽는다. 그러나 그 방식은 저마다 다르다.
어떤 이는 천천히, 어떤 이는 주제별로,
또 누군가는 반복해서 같은 책을 읽는다.
이 장에서는 나에게 맞는 다섯 가지의 독서 방법을 나누고자 한다.
큰 시간이 없어도, 깊은 독서가 가능하다는 걸 말하고 싶다.
나처럼, 매일을 살아내는 당신에게 이 방법들이
작은 숨구멍이 되기를 바란다.

슬로리딩
천천히, 오래 머물기

슬로리딩은 일본의 편집자이자 작가 나가오 가즈히로가 『슬로리딩의 기적』이라는 책에서 제안한 독서법이다. 속독을 통한 양적 독서가 아닌, 한 문장이라도 깊이 있게 읽는 방식이다. 그는 하루 한 문단을 읽고 밑줄을 긋고, 마음에 남는 문장을 필사하고, 그 문장 옆에 생각을 덧붙이며 독서를 확장하라고 말한다.

나의 독서도 늘 그랬다. 읽다가 문장이 마음에 걸리면 멈춰서 다시 읽었다. 그 문장이 왜 내게 다가왔는지 생각하는 시간까지 포함해서 나는 책을 읽었다. 그렇게 읽은 책은 오래 남았다. 지금도 책장을 넘기다 내가 밑줄 친 문장을 보면 그 시절의 내가 떠오른다.

슬로리딩은 단지 느린 읽기가 아니다. 필사의 시간, 사유의 시간,

천천히 도달하는 이해의 시간. 나는 앞으로도 슬로리딩을 계속할 것이다. 그렇게 읽은 책은 단순히 기억에 남는 것이 아니라 삶에 스며들기 때문이다.

아웃풋 독서
읽은 책은 반드시 나를 지나간다

이런 방식은 단지 기록이 아니라 기억의 구조화이기도 하다. 교육 심리학에서 말하는 생산적 기억, 즉 정보를 나만의 방식으로 재구성할 때 뇌는 그것을 더 오래 기억한다. 글을 쓰거나 누군가에게 설명해 주는 아웃풋 독서는 책을 머릿속에만 두지 않고 삶 속으로 끌어내는 작업이다.

한때는 독후감을 쓰는 게 숙제 같았지만, 지금은 내가 나에게 쓰는 편지처럼 느껴진다. 책을 덮고 내 마음에 남은 문장을 붙잡고 나만의 언어로 다시 말해볼 때, 비로소 나는 그 책을 읽었다고 말할 수 있다.

읽고 쓰는 일은 결국 내 삶의 문장을 찾아가는 일이기도 하다. 아웃풋 독서는 그래서 나의 중요한 습관 중 하나가 되었다.

주제 독서
하나의 주제를 오래 바라보기

　　　　오래 바라보는 독서는 결국 나의 관심을 나만의 지식 체계로 확장하는 일이다. 주제 독서란 결국 내 관심의 결을 따라 읽는 방식이다. 특정한 주제를 가지고 다양한 분야의 책을 읽다 보면, 한 줄기 생각이 자라고 있다는 걸 느낄 수 있다. 같은 주제를 통해 다른 작가들이 각자의 관점으로 접근한 글들을 읽으면 내 생각도 더 단단해졌다.

　내가 만든 작은 독서 큐레이션이자, 내 사유의 길을 닦는 일이었다. 책 한 권만 읽었을 때는 몰랐던 흐름과 맥락이, 여러 권을 통해 보이기 시작했다. 한 가지 주제를 오래 바라보는 독서는 결국 나의 관심을 나만의 지식 체계로 확장하는 일이다.

반복 독서
다시 읽는다는 것

　　　　처음엔 줄거리를 따라갔다. 두 번째엔 문장을 읽고, 세 번째엔 감정을 읽었다. 나는 같은 책을 반복해서 읽는 걸 좋아한다. 읽을 때마다 전혀 다른 책이 되기 때문이다.

스티븐 크라셴의 다독 이론에서도 반복 독서는 언어 감각을 내면화하는 데 매우 효과적이라고 한다. 그 문장들을 반복해서 접하면서 단어가 익숙해지고, 문장이 내 안에서 자연스럽게 떠오른다.

반복해서 읽는다는 건, 그 문장을 내 안에 오래 들여놓는 일이다. 그리고 그 문장은 언젠가 내가 쓸 문장이 되기도 한다.

틈새 독서
조금씩, 그러나 매일

나는 하루 10분이라도 책을 읽는다. 이동 중이거나 대기 시간, 잠들기 전 침대에서. 그 시간은 짧지만, 오히려 집중도가 높다. 책이 주는 감정이나 생각이 순간적으로 더 강하게 남을 때도 있다. 처음에는 쉽지 않았다. 휴대전화를 집어 들고는 '잠깐만!' 하던 습관이 몸에 배어 있었다. 하지만 그 '잠깐'이 몇 시간으로 이어지는 걸 수없이 경험한 뒤로, 나는 책갈피를 고정한 채 얇은 책 한 권을 가방에 넣어두기 시작했다. 친구를 기다릴 때, 커피를 기다리는 줄에서, 퇴근 후 잠시 누운 시간 속에서 그 책은 언제든 나를 다시 나에게로 불러들였.

틈새 독서는 '마이크로 루틴'이라 불리는 짧은 습관의 연속이다. 하루 10분의 독서를 1년간 이어가면 60시간 이상의 시간을 얻게 된다. 그 시간 동안 나는 수많은 문장을 만나고, 그만큼 나 자신에게도 가까워질 수 있다.

습관의 힘은 눈에 띄지 않게 삶을 바꾼다. 꾸준히 이어지는 짧은 독서의 시간이 쌓이면, 어느 순간 깊은 사유의 기반이 된다. 누군가는 여유라 부르겠지만, 나에게 그 시간은 의식의 생존이고 정신의 숨구멍이다.

나는 지금도 가방에 책을 넣는다. 두껍지 않아도 좋고, 다 못 읽어도 괜찮다. 가끔은 한 문장만 읽고 책을 덮을 때도 있다. 그러나 그 문장이, 그 짧은 시간이 나를 어루만질 때가 있다.

틈틈이 우리의 숨 쉬는 공간이 되어주는 짧은 시간이, 우리의 긴 인생 속 단비처럼 내릴 것이다.

> **TIP**
>
> 자기 삶에 맞는 독서법을 찾는 것이 중요합니다.
> 슬로리닝, 이웃풋 독서, 주제 독서, 반복 독서, 틈새 독서를 조합하면 독서의 지속 가능성이 높아집니다.
> 핵심은 꾸준히 읽고, 내 삶과 연결 짓는 것.

2장

내가 읽은 책들

- 문장을 따라
  걷는 기록

죄는 논리로, 벌은 인간에게서 온다

『죄와 벌』
도스토예프스키 作

　도스토예프스키의 『죄와 벌』을 읽는 일은 하나의 거대한 내면을 통과하는 일이다. 철학서도 아니고 추리소설도 아니지만, 그 둘을 모두 품고 있다. 이 책은 단지 '살인'에 대한 이야기만이 아니다. 오히려 그 살인을 통해 인간이 어디까지 이성으로 자신을 정당화할 수 있으며, 결국 무엇 앞에서 무너지는지를 집요하게 파고든다.

　주인공 라스콜리니코프는 가난한 대학생이다. 그는 스스로 '위대한 인간은 법을 초월할 수 있다'는 이론을 믿으며, 한 노파를 살해한다. 그러나 범죄는 논리로 설명되어도, 죄의식은 논리를 넘는다. 그는 점점 망가진다. 죄는 단지 법적 판단이 아니라, 인간의 내면을 잠식하는 깊은 그림자임을 도스토예프스키는 보여준다.

  읽는 동안 나는 내 안의 여러 얼굴을 마주하게 되었다. 절박함, 오만, 정당화, 회의, 그리고 구원에 대한 갈망까지. 이 책은 인간을 찬찬히 해부하듯 보여주되, 끝내 단죄보다는 구원의 가능성에 손을 내민다. 그것이 도스토예프스키의 위대함이다. 인간이 죄를 짓는 이유보다, 어떻게 회복될 수 있는지를 끝까지 붙잡고 있는 점.

  『죄와 벌』은 무겁다. 하지만 무거운 만큼 깊다. 어느 시기에 읽든 다른 부분이 보인다. 나는 이 책을 청년기에 처음 읽었고, 이후 인생의 여러 시점에서 다시 꺼내 들었다.

  읽을 때마다 내 죄는 다르지만, 벌의 본질은 여전히 나에게서 온다는 걸 느낀다.

  나는 정의로워지고 싶었다. 그러나 삶은 그렇게 단순하지 않았다. 죄를 짓는 자보다, 벌을 감당하는 자의 내면이 더 오래 남는다. 이 책을 읽고 나면, 벌은 법이 아닌 마음속에서 먼저 시작된다는 걸 알게 된다. 고통은 끝이 아니라, 시작이었다.

삶이란 얼마나 많은 벌을 감당하며 사는 일인가. 도스토예프스키는 인간이 감당할 수 있는 죄의 무게를 묻는다. 나는 그의 질문을 붙잡고 한동안 멈춰 섰다. 이 책을 읽으며 나 역시 자신을 심판했던 날들을 떠올렸다. 문장은 날카로웠지만, 그 끝엔 따뜻한 구원이 기다리고 있었다.

잔인한 4월, 그 처절함의 시작

『황무지』
T. S. 엘리엇作

　엘리엇의 『황무지(The Waste Land)』를 처음 읽었을 때, 시보다 세상이 더 이해되지 않았다. 형식도 낯설었고, 언어는 때로 단절되어 있었으며, 종종 무의미하게 흘러가는 듯 보였다. 그런데 책장을 덮고 나면 이상하게도 마음속에 잔상이 남는다. 건조한 모래바람이 지나간 자리처럼, 의미 없는 것 같은 문장들이 삶의 공허를 닮아 있었다.

　"4월은 가장 잔인한 달"이라는 첫 구절은 내게 오랫동안 남았다. 새로운 것을 틔우는 계절이, 어떤 이에게는 비통한 계절일 수 있다는 진실. 자연은 소생하는데 인간은 고통을 겪는다. 『황무지』는 그런 역설로 가득하다. 삶은 계속되지만, 그 안에는 무너진 신화와 끊어진 전통, 방향을 잃은 인간들이 있다. 전후(戰後)의 시대를 배경으로 쓰였지만, 지금도 낯설지 않은 이유는 우리가 여전히 그런 시대를 살고 있기 때문일 것이다.

읽는 내내 명확하게 해석되지 않는 구절들이 많았다. 그러나 모든 것을 이해하려 하기보다는 그 어둡고 단편적인 이미지들 사이에서 내 삶의 그림자를 들여다보는 시간을 가졌다. 시는 해석하는 것이 아니라, 느끼는 것이라는 말이 있다. 이 시집이 바로 그 말에 어울리는 작품이었다.

『황무지』는 읽기에 쉽지 않은 책이다. 그러나 언젠가 삶이 뿌연 안개처럼 느껴질 때, 이 시의 문장들은 그 안개 속을 함께 걸어주는 동행이 되어준다. 혼란의 시대를 지나고 있다면, 그리고 그 혼란을 단어로 붙들고 싶다면, 이 책은 꼭 한번 곁에 두고 천천히 읽어보기를 권한다. 시가 낯설게 만든 세계는 때로 우리가 가장 정직해지는 순간을 이끌어낸다.

4월은 가장 잔인한 달이라고 했다. 황무지는 말라 있었고, 마음은 여전히 얼어 있있지만, 그 안에서도 씨앗은 자라난다. 엘리엇의 시를 읽고 나면 삶의 언어가 더 정제되어야겠다는 생각이 든다. 언어가 메마른 시대에 살아가는 우리는 어떤 감각으로 봄을 맞이해야 할까.

그 후로도 오랫동안

『난장이가 쏘아올린 작은 공』
조세희 作

가난한 사람의 이야기를 나는 외면하고 싶었다. 너무 내 이야기 같았기 때문이다. 그러다 어느 날, 이 문장이 나를 멈춰 세웠다. '우리는 행복하게 살고 싶었을 뿐이다.' 단순하고 정확했다. 나는 더 이상 피하지 않기로 했다.

『난장이가 쏘아올린 작은 공』을 읽고
- 작지만, 멀리 날아간 진실 하나

조세희의 『난장이가 쏘아올린 작은 공』은 소설이라기보다 기록에 가깝다. 고단한 하루를 마치고 읽었을 때, 책의 문장은 피곤한 눈을 깨우는 촘촘한 바늘 같았다. 빈민가의 삶, 불평등한 도시, 구조적 가난 속에서 무너져가는 가족과 존엄성. 소설이지만 현실보다 더 현실 같았다.

이 책은 연작소설이다. 하나의 이야기로 끝나는 것이 아니라, 비슷한 시간과 공간을 배경으로 한 여러 인물의 서사가 겹치며 독자에게 점점 더 강하게 다가온다. 중심에는 '난장이' 김불이 가족이 있다. 철거 위기에 몰린 달동네에서 살아가는 이 가족은, 개발이라는 이름의 폭력 앞에 결국 흩어지고 무너진다. 아버지는 몸을 작게 만들고 더 작게 웅크리지만, 세상은 그를 부수고 만다. 자식들은 저마다의 방식으로 현실을 돌파하려 하지만, 그 어떤 선택도 정답이 되지 못한다.

읽는 내내 마음이 답답했다. 무언가를 쥐고 싶었지만, 계속해서 미끄러지는 느낌이었다. 그것은 어쩌면, 내가 자라온 도시 빈민가의 기억과 겹쳤기 때문일지도 모른다. 그 시절, 뉴스보다 먼저 소설이 세상의 진실을 알려주곤 했다. 『난장이가 쏘아올린 작은 공』이 바로 그런 책이다.

이 책이 오래 읽히는 이유는 간단하지 않다. 단지 사회 고발이나 시대 고증 때문은 아니다. '인간다움이 무엇인가?'라는 근본적인 질문을 담고 있기 때문이다. 우리 사회의 가장 낮은 곳에서 쏘아 올린 그 작은 공은 지금도 독자들의 마음 깊은 곳에 날아들고 있다.

한 시대를 통과한 이야기, 혹은 여전히 현재진행형인 기록으로서 이 작품을 조심스레 추천한다. 너무 일찍 읽으면 무거울 수 있고, 너무 늦게 읽으면 삶의 한 부분을 놓치게 될지도 모른다. 지금 읽기 딱 좋은 책이었다.

이 세상의 크고 무거운 구조 속에서, 작고 여린 존재가 쏘아 올린 공 하나. 그 궤도를 따라 나도 오래 바라보았다. 현실의 부조리와 체념 사이에서 인간의 존엄을 외치는 목소리는 작지만 강했다. '어떻게 살아야 하는가'보다 '무엇을 위해 살아야 하는가'를 묻게 되는 시간이었다.

말 없는 외침, 침묵 속의 문장

『그리고 아무 말도 하지 않았다』
전혜린作

전혜린의 『그리고 아무 말도 하지 않았다』를 읽고 나면, 마치 누군가의 일기를 몰래 훔쳐본 듯한 감정에 휩싸인다. 그러나 그 일기는 너무도 절실하고 너무도 아름다워서, 감히 덮을 수가 없다. 이 책은 시대를 앞서갔던 한 여성이 남긴 짧고도 치열한 생의 기록이자, 내면에서 끝없이 요동치는 감정의 파편들이다.

전혜린은 독일 유학 시절의 고독과 불안, 지적 긴장과 존재의 회의, 사랑과 죽음에 대한 사색을 날것 그대로 쏟아놓는다. 문장은 뜨겁지만 절제되어 있고, 격렬하지만 섬세하다. 나는 이 책을 읽으며, 말로 다 할 수 없는 감정도 문장이 될 수 있다는 것을 처음으로 알게 되었던 것 같다.

이 책은 자기 고백적이지만 결코 폐쇄적이지 않다. 오히려 읽는 사람을 자꾸 자기 안으로 데려간다. "너는 어떻게 살고 있니?"라고 묻는 듯하다. 특히, 존재의 외로움이나 여성으로서 느끼는 시대적 불협화음에 대해서는 지금 읽어도 전혀 낡지 않은 통찰이 담겨 있다.

전혜린은 세상을 등지기 전까지, 삶을 누구보다 치열하게 붙잡으려 했던 사람이었다. 그녀의 글은 '비극'이라는 말로만은 묶일 수 없는 진실을 품고 있다. 살아 있는 동안, 그녀는 끊임없이 스스로 물었고, 그 물음을 글로 옮겼다. 나는 그 글들 속에서, 나도 묻고 싶은 질문 하나를 건졌고, 아직도 대답하지 못하고 있다.

『그리고 아무 말도 하지 않았다』라는 책은 쉽게 읽히지 않는다. 그러나 어떤 시기의 나에게는 그 책만큼 필요한 책도 없었다. 고요한 언어가 오히려 나를 뒤흔들던 시간이었다. 감정이 흐릿해질 때, 삶이 무디게 느껴질 때, 그 책은 다시 꺼내 들고 싶은 고요한 불꽃처럼 남는다.

> 침묵의 기록은 말보다 더 많은 진실을 품는다. 시대와 국가, 그 모든 이름 앞에서 침묵한 자들은 결국 기록을 남긴다. 함부로 말하지 않기 위해 얼마나 많은 말을 삼켰는지를, 이 책은 몸으로 증언하고 있었다. 그 침묵을 따라, 나도 조용히 걷기 시작했다.

신은 침묵하고, 인간은 고뇌한다

『사람의 아들』
이문열作

이문열의 『사람의 아들』은 읽는 동안 자주 책장을 덮고 생각에 잠기게 만든다. 단지 줄거리의 흥미 때문이 아니다. 인간이라는 존재가 감당해야 할 고통과 그것을 '신'이라는 이름의 절대자에게 전가하는 오래된 본성, 그리고 그 질문에 신이 침묵할 때 남는 절망 같은 것 때문이다.

이야기의 시작은 살인사건이다. 기도원에서 신학자 민요섭이 피살되고, 형사 남경호가 수사를 진행한다. 그러나 이 작품은 범인을 잡는 전통적인 추리소설과는 다르다. 사건을 통해 작가는 인간의 윤리, 신의 존재, 종교의 본질이라는 무거운 질문을 던진다. 민요섭은 신학을 공부한 인물로, 종교의 무능함에 환멸을 느끼고 새로운 진리를 찾아 떠난다. 그는 '아하스페르츠'라는 신적 존재를 빌어 또 다른 구원의 길을 모색하지만, 결국 다시 기독교로 돌아간다. 그리고 그 과정을 지켜본 제자 조동팔은 그를 배신자라 여기고 살해한다.

무거운 주제를 담고 있지만, 이문열 특유의 언어와 구성은 문학적 몰입을 끌어낸다. 나는 이 책을 통해 한 인간의 회의와 구도, 선택과 책임을 따라가며 '신이 있다면 왜 이렇게 침묵할까?'라는 오래된 질문을 새롭게 마주했다. 그 물음은 단순히 종교적 사유에 머물지 않는다. 우리가 믿고 있던 어떤 절대성, 예를 들면 정의나 윤리, 사랑 같은 것들이 삶의 가장 치열한 순간에 침묵할 때, 우리는 어떻게 살아가야 할 것인가?

『사람의 아들』은 한 사람의 죽음과 남겨진 기록을 따라가며, 오히려 살아 있는 우리가 무엇을 선택하고 어떻게 책임져야 하는지를 묻는다. 종교적 질문을 넘어 삶의 본질을 돌아보고 싶은 이라면, 이 작품을 한 번쯤 읽어보기를 권한다. 스스로 던지는 묵직한 질문이 남을 것이다.

신은 어디에 있는가? 인간은 왜 악을 저지르는가? 이 물음은 철학이기 이전에 인간학이다. 이문열의 문장은 믿음과 의심 사이에서 인간의 밑바닥을 꺼내 보인다. '사람'이라는 단어가 그저 생물학적 존재를 넘어서, 윤리적 존재임을 되새긴다. 우리는 모두, 사람의 아들이었다.

외로움이라는 이름의 충(忠)

『칼의 노래』
김훈作

김훈의 『칼의 노래』는 역사소설이면서도, 끝내 인간에 관한 이야기로 남는다. 충무공 이순신을 주인공으로 삼고 있지만, 이 책에서 우리는 전쟁영웅보다는 더 깊고 고독한 인간을 마주하게 된다. 나는 이 책을 읽으며 '충'이라는 단어가 단지 국가나 왕에 대한 것이 아니라, 끝까지 자신을 배신하지 않는 고독한 자기 신념의 이름일 수 있다는 것을 새삼 느꼈다.

이순신은 전쟁터에 있지만, 그의 싸움은 칼 앞에서만 벌어지지 않는다. 오히려 전쟁보다 더 치열한 것은 그의 내면이다. 부당한 명령에 침묵하고, 부하의 죽음을 기억하며, 아무도 이해하지 못하는 절제를 감당하는 그의 삶은 고요한 문장으로 기록된다. 김훈의 문장은 마치 벼린 칼날처럼 단단하고 절제되어 있어, 오히려 더 큰 감정을 안긴다.

나는 이 책에서 영웅을 배우지 않았다. 대신, 이기지 않아도 꺾이지 않는 어떤 존재를 알게 되었다. 명량해협을 지키는 것이 아니라, 자신을 지키는 이순신. 조정의 견제 속에서조차 명령을 따르고, 허망한 승전보 뒤에 쓸쓸한 얼굴로 앉아 있는 이순신의 모습에서, 인간이 감당해야 할 무게가 무엇인지 오래도록 생각하게 되었다.

『칼의 노래』는 웅장한 전쟁 서사가 아니다. 그것은 자기 자신을 관통해 들어가는 조용한 문장들의 전투 기록이다. 이순신이 싸운 적은 왜군만이 아니라, 권력과 운명, 심지어는 자신의 두려움이었다. 그런 글이기에, 나는 이 책을 읽고 마음이 묵직해졌다.

결국 이 책은 '살아 있는 자의 말'이 아니라, '죽음을 향해 가는 자의 말'로 느껴졌다. 그래서 더 고요했고, 그래서 더 무서웠다. 자기 길을 묵묵히 걸어가는 사람에게, 이 책은 오래도록 남을 수 있다. 나에게는 그랬다.

모두가 잠든 밤, 혼자 깨어 있어야 했던 사람의 마음은 얼마나 고요하고도 불안했을까. 김훈의 이순신은 칼을 들었으되, 그 칼을 휘두르기보다는 노래처럼 품었다.

나는 이 책을 읽으며, 말보다 무거운 침묵과 영웅보다 외로운 인간을 보았다.

그는 절대 크지 않으려 했고, 죽음 앞에서도 초연하지 않았다.

칼을 쥔 손이 떨릴 때, 나는 나의 두려움을 더듬었고, 그 떨림 속에서도 곧은 마음을 지켜내는 일이 얼마나 숭고한지 깨달았다.

이 책은 결국 말 없는 저항에 대한 기록이었다. 그리고 나는 그 노래를 따라, 나만의 싸움 앞에서 조용히 서 있었다.

읽는다는 것은 자신을 발견하는 일

『읽다』
김영하 作

 김영하의 산문집 『읽다』는 책에 관한 책이지만, 단순히 독서법이나 추천 목록을 말해주는 책은 아니다. 오히려 "왜 읽는가?"라는 오래된 질문 앞에, 한 사람의 작가로서, 독자로서의 경험을 솔직하게 풀어낸다. 나는 이 책을 읽으며 '읽는 일'이 얼마나 개인적인 시간이자, 동시에 사회적 행위일 수 있는지를 새삼 느꼈다.

 김영하는 독서가 인생을 바꿨다는 식의 고전적인 미화를 하지 않는다. 대신, 책과 함께 늙어간다는 것, 어떤 책은 우리의 삶을 잠깐 멈춰 세운다는 것, 그리고 어떤 문장은 그 순간을 지나고도 오래도록 머릿속에 남아 있다는 것을 차분히 말해준다. 독서를 하나의 과정으로 받아들이는 그의 시선이 인상 깊었다.

 이 책이 좋았던 건, 책을 읽는 사람이 반드시 똑똑해야 할 필요도, 거창한 목표를 가져야 할 이유도 없다는 점을 상기시켜 주기 때문이다. 그저 자기 삶의 리듬에 맞춰 읽고, 읽은 것을 곱씹고, 그로 인해 나아가면 된다고 말하는 듯했다. 독서라는 행위가 거룩해 보일 필요는 없다. 때론 밥 먹듯, 때론 숨 쉬듯 읽는 것도 충분하다는 것을 이 책은 따뜻하게 알려준다.

 『읽다』는 내가 왜 지금도 책을 읽고 있고, 왜 앞으로도 읽을 것인지 그 이유를 되묻는 책이었다. 독서를 해야겠다고 결심하기보다는 그냥 다시 책장 앞으로 가고 싶게 만드는 책. 그의 문장을 따라가다 보면, 읽는 일이 곧 사는 일이라는 감각에 조금씩 가까워진다.

 김영하는 독서를 말하면서 책 이야기는 하지 않는다. 그는 책을 읽는 사람의 내면을 이야기한다. 『읽다』는 책에 관한 책이 아니라, 사람에 관한 책이다. 나는 이 책을 덮으며, 독서란 결국 '나를 읽는 일'임을 알게 되었다. 문장을 따라가는 일이 아니라, 나를 따라가는 일을 읽는다는 건, 곧 흔들리는 감정을 붙잡는 일이고, 어떤 생각은 영영 손닿지 않게 떠나보내는 일이다. 조용히 읽고 나면, 삶의 결이 조금 바뀌어 있다. 그는 말했다. "나는 나를 고치려고 읽는다." 그 문장 앞에서, 나도 잠시 멈춰 나를 읽었다.

상실과 기억의 숲을 걷다

『노르웨이의 숲』
무라카미 하루키 作

무라카미 하루키의 『노르웨이의 숲』은 처음 읽었을 때보다, 오히려 다 읽고 난 뒤가 더 깊게 남는 책이었다. 이야기는 조용하고 담담하게 흘러가지만, 그 안에서 일어나는 감정의 결은 무척 세밀하고 날카롭다. 상실, 고독, 사랑, 성, 죽음. 말로 붙잡기 어려운 감정들을 하루키는 이상하리만치 평온한 문장으로 써 내려간다.

이야기는 주인공 와타나베가 대학 시절, 자살한 친구 기즈키의 연인이었던 나오키와의 복잡한 관계를 회상하면서 전개된다. 그리고 그 과정에서 등장하는 또 다른 인물 미도리. 두 여성은 삶을 바라보는 태도가 정반대지만, 둘 다 와타나베에게 깊은 흔적을 남긴다. 나는 이 책을 읽으며, 인간은 누구나 어딘가 불완전한 방식으로 사랑하고, 그만큼 아파하고, 그러면서도 어쩌면 계속 살아가게 된다는 걸 생각했다.

읽는 동안 '치유'라는 말은 어울리지 않았다. 이 소설은 상처를 치료해 주지 않는다. 오히려 그 상처를 들여다보게 한다. 어떤 상실은 시간이 지나도 낡지 않는다. 그러나 낡지 않는다는 것이 곧 불행은 아니라는 것을, 와타나베의 고요한 시선을 통해 배운 것 같다.

『노르웨이의 숲』은 특별한 줄거리로 밀어붙이지 않는다. 대신 감정을 따라 걷게 만든다. 조용한 언어로 속을 파고드는 문장은 삶의 어느 구석에서 나도 비슷하게 느낀 적 있는 감정을 건드린다. 그 점에서 이 책은 나에게 한 편의 음악처럼 남았다. 특정한 기억을 소환하고, 가슴을 조이게 하다가, 다시 삶으로 돌아가게 만드는 문학적 리듬.

상실을 지나 살아가고 있는 사람, 혹은 '기억'이라는 단어에 자꾸 머무는 사람이라면, 『노르웨이의 숲』은 너무 늦지 않게 만나는 것이 좋다. 지금이라서 다행이었다.

기억은 늘 비틀거리며 다가온다. 『노르웨이의 숲』은 상실을 품고 살아가는 법에 관한 이야기였다. 죽음은 너무 가까이 있었고, 사랑은 늘 어긋났다. 나는 와타나베처럼 방황했고, 나오키처럼

침묵했으며, 미도리처럼 웃으며 도망쳤다. 읽는 내내 어떤 말도 다 하지 못할 감정들이 있었다. 이 소설은 무엇보다 '지나간 것'을 이야기하지만, 사실은 '지나갈 수 없는 것'에 대해 말하고 있었다. 그 깊은 숲을 걷는 동안, 나도 내 마음속 어딘가에 묻어둔 이름 하나를 조용히 떠올렸다.

생각은 질문에서 시작된다

『우상과 이성』
리영희作

　설득하며, 무엇보다 예리한 시선으로 현실을 직시한다. 그래서 더 깊이 박힌다. 내가 이 책을 추천한 이유는, 리영희의 『우상과 이성』은 책이라기보다는 일종의 각성 장치에 가깝다. 익숙하게 믿어왔던 것, 비판 없이 받아들였던 세계의 틀을 조용히, 그러나 날카롭게 깨뜨린다. '이것이 진실일까?'라는 질문을 가슴속에 처음 품었을 때 떠올랐던 책이기도 하다.

　이 책은 리영희 교수가 1970~80년대 언론에 발표한 글을 모은 에세이집이다. 저널리스트로서, 지식인으로서 그는 우리 사회가 맹목적으로 따르던 '우상'을 하나씩 해체해 나간다. 반공 이데올로기, 군사독재, 언론의 침묵, 외세에 대한 무비판적 신뢰 등, 그가 지적한 문제들은 당시에도 뜨거웠지만, 지금도 여전히 유효하다.

무엇보다 인상 깊었던 것은, '생각은 자유로울 때 가능하다.'라는 전제였다. 생각하는 인간은 불편함을 감수한다. 순응하지 않고 의심하며, 때론 고독해진다. 리영희는 그런 삶을 실제로 살아낸 지식인이었다. 그리고 책 속에서 그가 던지는 수많은 문장은 지금 이 시대를 살아가는 나에게도 여전히 묻는다. "당신은 스스로 생각하고 있는가?"

『우상과 이성』은 결코 무겁게만 읽히지 않는다. 그는 감정에 호소하지 않고, 논리로 하고 싶은 이유는 단순히 지식이 많아져서가 아니다. 이 책을 읽고 나면, 독자가 자기 삶의 해석자가 되기 때문이다.

생각하는 습관을 만들고 싶은 사람이라면, 혹은 '비판적 사고'라는 말을 실제로 경험해 보고 싶은 이라면, 『우상과 이성』은 좋은 출발점이 되어줄 것이다. 나에게는 그랬다.

이성은 늘 옳은 것처럼 말하지만, 우상은 더 매혹적으로 다가온다. 김상봉은 말한다. "우상은 타락한 이성이다." 나는 이 문장을 오래 붙들고 있었다.

이 책은 단순한 철학 이론서가 아니라, 삶의 질문들을 정면에서 마주하게 하는 책이었다. 무엇을 믿고, 무엇을 의심할 것인가.

지성과 신념, 신과 인간 사이의 경계에서 흔들릴 때, 나는 이 책을 읽으며 조금은 단단해졌다. 생각이 깊어질수록 언어는 조용해지고, 그 조용함 속에서 나는 나만의 기준을 다시 세워야 했다.
철학은 결국 삶의 언어라는 것을 이 책이 가르쳐주었다.

흔들림을 견디는 시간의 기록

『생의 한가운데』
루이제 린저作

　루이제 린저의 『생의 한가운데』는 조용히 불타는 책이다. 처음 이 책을 펼쳤을 때, 나는 어떤 여성의 자전적 기록을 만나게 될 줄 알았다. 그러나 읽다 보면, 그것이 단지 한 사람의 경험을 넘어, '살아간다는 일'의 복잡성과 진실을 꿰뚫는 내밀한 고백임을 깨닫게 된다.

　루이제 린저는 전쟁 중 감옥에 갇혀 있던 시간, 그리고 사랑, 저항, 절망, 자존 같은 것들을 잃기 형식으로 써 내려간다. 문장은 때로 날카롭고, 때로 우울하며, 때로는 믿을 수 없을 만큼 단호하다. 그러나 모든 문장에는 생에 대한 집요한 애정이 배어 있다. 나는 이 책을 읽으며, 여성이 자기 자신으로 존재한다는 것이 얼마나 고독하고도 용기 있는 일인가를 처음으로 진지하게 받아들였다.

『생의 한가운데』에서 '한가운데'는 단순한 시간의 중심이 아니다. 그것은 선택의 자리이고, 흔들림의 자리이며, 삶과 죽음 사이에서 자기 자신을 붙드는 순간이다. 루이제 린저는 그 한가운데에서 기록을 멈추지 않는다. 혼란과 고통을 정제하지 않고 그대로 쓴다는 점에서, 이 책은 문학이기도 하지만 다큐멘터리처럼 느껴지기도 한다.

읽고 나면 말이 많아지기보다는 오히려 말을 아끼게 된다. 감탄보다는 침묵이 먼저 찾아온다. 나는 이 책에서, 무언가를 이겨내는 방식에는 반드시 외침만 있는 것이 아니라는 것을 배웠다. 조용한 글쓰기, 그러나 날마다 이어지는 글쓰기가 인간을 얼마나 단단하게 만드는지를 느낄 수 있었다.

삶이 흐릿하게 느껴질 때, 혹은 자꾸만 중심에서 밀려나는 기분이 들 때, 『생의 한가운데』는 다시 펴볼 수 있는 책이다. 살아낸 사람의 기록은 언제나 길을 비춘다.

나는 이 책을 네 번 읽었다. 읽을 때마다, 내 안의 어딘가가 다시 살아났다.

삶은 늘 '중간' 어딘가에서 머문다. 끝도 아니고, 시작도 아닌 그 한가운데에서, 우리는 흔들린다. 『생의 한가운데』를 읽으며 나는, 여자이기에 겪어야 했던 말들, 침묵들, 그리고 감춰야만 했던 감정들의 잔해를 돌아보았다. 이 책은 고백이 아니라 기록이고, 연약함이 아니라 강함이다. 존재를 정확히 바라보는 시선은 언제나 고통과 가까웠다.

그러나 그 고통이 있었기에, 나는 나의 '중심'을 조금씩 찾아갈 수 있었다.

이야기의 끝에서, 책이 남았다

책을 읽다 보면 읽다가 마는 책이 있다. 어떤 책은 오래 읽는다. 어떤 책은 다 읽고도 며칠을 내 곁에 남아 있다. 문장에 밑줄을 긋지 않고서는 넘기지 못했고, 책장을 덮고도 한동안 눈을 감지 못했다. 그 책들이 내게 남긴 것은 정보가 아니라 감정이고, 정답이 아니라 질문이었다.

책을 읽는 일은 곧 나를 읽는 일이다. 이 책은 다른 사람의 이야기를 꺼내는 척하며 결국 내 이야기를 써 내려온 기록이다. 책이라는 도구를 빌려 삶을 이해하고, 내가 걷는 길을 천천히 돌아보는 시간이었다. 이야기의 끝에서 나는 알게 되었다. 책은 나를 위로하지 않는다. 하지만 '책을 읽는 내가' 나를 위로하게 만든다. 그것이면 충분하다.

> **TIP**
>
> 책을 읽고 감동을 한 문장을 메모해 보세요.
> 문장은 기억의 그물망이 되어 당신의 인생을 붙잡아 줍니다.
> 좋은 문장을 수집하는 것이 곧 자기만의 인생 수업입니다.

3장

/

언어는
사고를
지배한다

①
언어는 사고를 지배한다

"언어는 사고를 지배한다."라는 개념은 사피어-워프 가설(Sapir-Whorf Hypothesis)에서 비롯되었다. 이 가설은 우리가 사용하는 언어가 사고방식과 세계에 대한 인식에 영향을 미친다는 내용을 담고 있다. 즉, 우리가 어떤 언어를 사용하느냐에 따라 생각하는 방식도 달라질 수 있다는 것이다.

※ 이 이론은 미국 예일대의 언어학자 에드워드 사피어(Edward Sapir)와 그의 제자 벤저민 리 워프(Benjamin Lee Whorf)에 의해 1920~1940년대에 정립되었다. 워프는 "우리가 사용하는 언어가 사고의 감옥이 될 수 있다."고 표현하며 강한 언어 결정론을 주장했다.

사피어-워프의 가설은 크게 두 가지로 나뉜다. 하나는 강한 언어적 상대성, 즉 언어 결정론으로, 우리가 사용하는 언어가 사고를 완전히 결정한다는 입장이다. 반면, 약한 언어적 상대성은 언어가 사고에 영향을 미치지만, 사고를 완전히 제한하지는 않는다고 본다. 이를 뒷받침하는 대표적인 예가 에스키모어의 '눈' 표현이다. 에스키모인들은 눈(snow)의 상태를 세밀하게 구분하는 여러 개의 단어를 사용한다. 이는 그들이 눈을 바라보는 방식이 우리가 일반적으로 인식하는 것보다 훨씬 정교할 수 있음을 보여준다.

이처럼 언어가 사고를 형성한다면, 우리의 언어적 능력을 확장하는 것은 곧 사고력을 키우는 일과 같다. 독서는 다양한 표현과 개념을 익힐 수 있는 가장 효과적인 방법이며, 이를 통해 우리는 더욱 정교한 사고를 할 수 있다. 반대로, 언어의 폭이 좁아지면 사고의 범위도 제한될 수밖에 없다. 그러므로 책을 읽고 새로운 언어를 접하는 것은 단순한 지식 습득이 아니라, 사고의 틀을 확장하는 중요한 과정이라 할 수 있다. 결국, "독서는 힘이다."라는 말은 단순한 구호가 아니라, 우리의 사고를 성장시키는 강력한 원리가 된다.

※ 실제로 언어학자 Lera Boroditsky는 '언어가 사고를 어떻게 형성하는가'에 대해 실험을 진행했고, 언어마다 시간·공간 개념에 대한 인식이 다르다는 결과를 발표한 바 있다.

우리는 매일 수많은 말을 주고받으며, 그 말을 통해 세상을 인식하고 이해한다. 단순히 언어가 우리의 사고방식에 영향을 준다는 의미를 넘어서, 언어가 어떻게 우리의 사고의 틀을 형성하고, 우리가 세상을 바라보는 방식을 결정짓는지를 의미한다. 언어는 단순한 의사소통의 도구가 아니다. 그것은 우리의 사고와 인식을 구성하는 핵심적인 요소이며, 우리의 세계를 정의하는 중요한 역할을 한다.

우리가 사용하는 언어는 우리의 경험과 사고방식을 반영한다. 예를 들어, 어떤 사람이 다른 사람을 칭찬할 때, 그 칭찬의 방식은 그 사람의 가치관과 세계관을 드러낸다. "잘했어!"라고 말하는 것과 "정말 멋지네!"라고 말하는 것은 같은 칭찬이지만, 그 표현의 뉘앙스와 의미가 미묘하게 다르다. 이처럼, 언어는 단순히 단어와 문법의 조합이 아니라, 우리가 세상을 어떻게 바라보고, 어떻게 해석하는지에 대한 깊은 내면을 드러낸다. 언어의 강력한 영향력은 우리가 세상을 해석하는 방식에도 드러난다. 예를 들어, '시간'에 대한 언어적 표현을 살펴보자. 영어에서는 시간을 '흐른다'라고 표현하지만, 한국어에서는 시간을 '간다'라고 표현한다. 이 두 가지 표현은 시간에 대한 우리의 생각에 차이를 만들어낸다. '흐른다'라는 표현은 시간의 흐름을 자연스럽고 부드럽게 인식하게 만드는 반면, '간다'라는 표현은 시간의 흐름이 더 목적지로 가는 과정처럼 느껴지게 만든다. 이런 미세한 차이가 결국은 사람들의 사고방식에 영향을 미친다.

※ 한국어의 존댓말 체계는 나이, 직급, 사회적 위계 등 관계 중심 사회의 특성을 반영한다. 이러한 언어 습관은 타인의 입장을 고려하는 사고 습관으로도 이어질 수 있다.

또한, 언어는 우리가 사회와 관계를 맺는 방식에도 영향을 준다. 예를 들어, 한국어의 존댓말과 반말의 구별은 단순히 언어적인 차원이 아니다. 이는 상호 존중과 위계질서를 중요하게 여기는 문화적 특성을 반영하며, 말하는 사람과 듣는 사람의 관계에 따라 표현 방식이 달라진다. 이러한 언어의 규범은 사람들의 사고방식과 사회적 행동을 형성하고, 그것이 다시 사회적 구조를 만드는 원동력이 된다.

※ 예: '여교사', '남 간호사'와 같은 표현은 성역할 고정관념을 내포하며, 언어 사용이 무의식적인 차별을 유발할 수 있음을 보여준다.

그러나 언어의 영향을 받는 사고는 반드시 긍정적일 만은 아니다. 언어는 때때로 편견이나 고정관념을 강화하는 역할을 하기도 한다. 예를 들어, 성별에 따라 사용하는 언어가 다를 때, 우리는 무의식적으로 성별에 대한 고정된 이미지를 강화하게 된다. 이러한 언어의 사용은 우리가 특정 집단이나 개인에 대해 가지는 선입견을 더욱 공고히 하며, 그것이 사회적 차별이나 불평등을 초래할 수 있다.

결국, "언어는 사고를 지배한다."라는 말은 우리가 사용하는 언어가 우리의 사고방식, 사회적 관계, 그리고 우리가 바라보는 세상에까지 영향을 미친다는 중요한 사실을 일깨운다. 우리가 어떻게 생각하고, 어떻게 세상을 바라볼지 결정하는 데 있어 언어는 그 무엇보다 중요한 역할을 한다. 그러므로 우리는 언어를 사용하는 데 있어 더욱 신중하고 의식적으로 접근할 필요가 있다. 언어를 통해 우리가 생각하고 느끼는 방식이 변할 수 있다는 점에서, 언어는 단순한 의사소통의 수단을 넘어, 사고의 틀을 바꾸는 강력한 도구가 될 수 있다.

독서는 곧 언어를 확장하는 과정이며, 언어는 우리의 사고를 지배한다. 우리가 가진 어휘의 범위가 곧 사고의 범위를 결정짓는다는 말이 있다. 즉, 표현할 수 없는 것은 생각할 수도 없다는 의미다. 만약 우리가 특정 개념을 설명할 수 있는 언어적 도구를 가지고 있지 않다면, 그 개념 자체를 깊이 있게 사고하는 것조차 어려울 수 있다.

※ 이는 루트비히 비트겐슈타인의 명제 "내 언어의 한계는 곧 내 세계의 한계이다."와도 연결된다.

이러한 점에서 독서는 단순한 정보 습득이 아니라, 사고의 틀을 넓히는 중요한 과정이다. 책을 읽으며 다양한 어휘와 개념을 익히면, 우리는 더욱 정교하게 사고하고 논리적으로 사고를 전개할 수 있다.

예를 들어, 철학 서적을 읽으면 철학적 개념을 이해할 수 있는 언어를 배우게 되고, 문학 작품을 읽으면 인간의 감정을 더욱 섬세하게 표현하는 법을 알게 된다. 이러한 과정이 반복되면서 우리의 사고력 또한 깊어지고, 확장된다.

반면, 독서를 하지 않으면 언어의 범위가 좁아지고, 이는 사고의 폭을 제한하는 결과를 낳는다. 풍부한 어휘를 사용하지 못하면 생각 자체도 단순해질 가능성이 크다. 마치 한 가지 도구만으로 다양한 문제를 해결하기 어려운 것처럼, 한정된 언어만으로 복잡한 사고를 하는 것은 쉽지 않다.

결국, 독서는 단순한 취미가 아니라, 우리의 사고 능력을 키우는 중요한 활동이다. 책을 읽으며 새로운 언어를 익히고, 이를 통해 더욱 깊이 있는 사고를 할 수 있다. 즉, 독서는 힘이다.

> **TIP**
>
> 풍부한 어휘력은 더 깊은 사고로 이끕니다.
> 책을 읽는 만큼 당신의 말이 달라지고, 당신의 말은 곧 삶의 무게가 됩니다.
> 읽는다는 건, 곧 생각하는 법을 배우는 일입니다.

②
기록과 책임 사이에서 『혼불』을 다시 읽다

전주 한옥마을을 걷다가 '최명희 생가터'라는 표지석을 봤다. 골목 끝, 눈에 잘 띄지 않는 자리였다. 몇 장 사진을 찍다가 생각이 멈췄다. 작가 최명희와 그의 대표작 『혼불』이 떠올랐다. 읽은 지 오래된 책인데도 장면들이 또렷하게 되살아났다. 지금 우리가 마주한 시대와 겹쳐 보이는 지점이 있었다.

『혼불』은 전라북도 남원과 전주, 임실 일대를 배경으로 한다. 사라져가는 양반 가문의 마지막 딸 '염초희'를 중심으로, 조선 말기부터 일제 강점기 초까지의 역사와 공동체의 변화를 따라간다. 한 개인이 겪는 상실과 고통이 아니라, 한 집안과 한 시대가 무너져가는 과정을 기록한 이야기다. 물리적·정신적 몰락 속에서도 품위를 지키려는 노력, 공동체의 해체 속에서 전통과 여성의 역할이 어떻게 변하는지를 묘사한다.

※『혼불』의 시대적 배경은 대략 1890~1910년 사이로, 대한제국의 말기부터 일제 강점기 초기를 아우른다. 당시 전북 지역은 토지조사사업과 신분제 해체, 여성 교육의 등장 등 급격한 사회 변화가 진행되었다.

염초희는 열일곱에 혼인하고도 신랑을 보지 못한 채, 시댁의 마지막 맏며느리로서 상징적인 존재가 된다. 남편은 오래전 사라졌고, 가문은 점점 몰락한다. 그녀는 아버지같이 다정하고도 무책임한 시아버지, 무력한 시어머니, 기득권을 지키려는 사촌들과 함께 조용히 버티고 무너진다. 초희는 말수가 없고, 결단하지 않으며, 감정을 표출하지 않는다. 그러나 책이 끝날 즈음, 땅이 무너지는 대지진 속에서 초희는 움직인다. 소설은 바로 그 지점에서 멈춘다. 작가가 병상에 누워 더는 쓰지 못했기 때문이다.

최명희는 병상에서도 펜을 놓지 않았다. 그러나『혼불』은 끝내 마무리되지 못했다. 10권에서 멈춘 채 작가는 세상을 떠났다. 완결되지 않은 소설이지만, 그래서 오히려 남은 사람들이 더 생각하게 만든다. 혼란이 남긴 빈틈을 어떻게 메울 것인가. 우리는 무엇을 기억하고, 무엇을 기록할 것인가. 지금 언론이 해야 할 일과도 닿아 있다.

※ 『혼불』은 총 10권으로 구성되어 있으며, 최명희 작가는 병상에서도 집필을 멈추지 않았다. 1998년 작고 이후 미완의 걸작으로 남게 되었으며, 그녀의 유고집은 현재도 많은 독자에게 읽히고 있다.

정보는 넘쳐난다. 속보, 실시간 뉴스, 짧은 영상과 제목만 보고 지나치는 기사들. 그러나 맥락은 자주 생략된다. 언론이 해야 할 일은 단순히 사실을 나열하는 것이 아니다. 연결하고, 정리하고, 기준을 제시해야 한다. 감정이나 주장보다 먼저 구조를 보여주는 일이 필요하다. 『혼불』이 그러했듯, 전체를 조망할 수 있도록 쓰는 글이 필요하다.

수용자의 자세도 바뀌어야 한다. 자극적인 표현이나 말맛에만 끌리지 않고, 맥락과 의도를 따져 읽는 태도가 필요하다. 한 문장에 담긴 배경을 읽으려는 노력, 그것이 지금 필요한 시민의 지혜다. 『혼불』을 읽을 때 그랬다. 사투리와 긴 문장, 낯선 이름들 속에서 독자들은 차분히 의미를 따라갔다. 시대를 이해하려는 의지가 있었다.

※ 2016년 '박근혜-최순실 국정농단 사건' 당시, JTBC의 태블릿PC 보도는 단순한 사실 나열이 아닌 구조적 해석으로 여론을 형성했고, 언론의 책임과 기능에 대해 다시 조명받았다.

작가는 책의 첫머리에 이렇게 썼다.
"지금 나는 혼불을 쓰고 있다. 죽은 넋들의 혼이 되살아 그 불꽃을 태우고 있다."

※ 『혼불』의 첫 문장은 많은 독자에게 회자되는 인용구로, 한국 근현대사 속에서 작가의 정체성과 문학의 사명이 무엇인지 생각하게 한다.

진실은 한 번 꺼졌던 자리에서 다시 타오르기도 한다. 지금 우리 앞에 놓인 현실도 그렇다. 대통령이 내란 혐의로 자리에서 물러나고, 비상 상황에서 선거를 치르게 된 지금, 우리는 다시 기준을 묻게 된다. 무너진 신뢰와 흔들리는 질서 속에서, 언론은 그 기준을 기록해야 하고, 시민은 그것을 스스로 판단할 수 있어야 한다.
지금 나는 전주에 있다. 5.18을 앞두고 이곳을 지나 광주로 향한다. 무거운 역사의 결이 발아래 깔려 있다. 완결하지 못한 『혼불』과 끝내 책임을 다하지 못한 대통령의 흔적이 묘하게 겹친다. 작가의 병상 위 마지막 원고와 권좌에서 내려온 권력자의 그림자는 서로 다른 결말을 가졌지만, 둘 다 우리에게 많은 것을 남긴다.

※ 5.18 광주민주화운동은 대한민국 현대사의 중요한 장면으로, 그 진

실을 기록하고 되새기는 일은 지금도 언론과 시민의 책임으로 남아 있다.

많은 것이 멈춘 듯한 전주의 밤, 기록과 진실, 책임과 판단에 대해 다시 생각한다. 우리가 끝내 써야 하는 이야기는 아직 남아 있다.

> **TIP**
>
> 기록은 기억을 살리고, 책임을 만든다.
> 소설 속 역사적 맥락을 따라가며 우리 시대의 '기록'과 '책임'을 생각해 보세요.
> 독서는 시대를 마주하는 도구입니다.

4장

독립서점
- 문득 나를 기다리는
골목 끝 책방

나는 가끔 책을 사러 간다기보다, 삶의 자세를 배우러 독립서점에 간다. 비좁고 조용한 그 공간에 들어서는 순간, 한 사람이 오래 걸려 다듬은 문장이 공간 전체에 스며 있다는 걸 느낀다. 손글씨로 적힌 추천 문구, 주인의 취향대로 큐레이션 된 선반, 창가에 놓인 오래된 테이블. 그 모든 것에서 한 사람의 세계관이 은은히 흐른다.

프랜차이즈 서점이 '많은 책 중에서 고르는 공간'이라면, 독립서점은 '이 책이어야만 했던 이유'가 있는 공간이다. 사람들은 책을 사러 오는 것처럼 보이지만, 어쩌면 그보다 책을 고른 이의 삶에 끌려 오는 것인지도 모른다. 책을 통해 누군가의 태도와 감각, 속도와 온도를 엿보는 것. 그래서 나는 독립서점을 '책을 중심으로 한 삶의 큐레이션'이라 부르고 싶다.

책을 고른다는 건 작은 선택이지만, 그 선택은 결국 삶의 방향을 바꾸는 일이다. 그래서 독립서점은 단순히 '무엇을 읽을 것인가'를 넘어, '어떤 사람이 되고 싶은가'를 묻는 공간이다. 책장을 넘기는 손끝이 조심스러워지고, 말의 속도가 느려지며, 마음 한쪽에 사유의 여백이 생긴다. 삶을 고르고, 삶을 다듬고, 삶을 살아내는 방식이 책과 공간 안에서 겹친다.

나는 가끔 그런 생각을 한다. 책을 읽는다는 건, 어쩌면 누군가의 손길을 받아들이는 일인지도 모른다고. 독립서점은 그 손길이 가장 따뜻하게 건네지는 장소다. 책을 사지 않더라도, 그 공간에 다녀온 사람은 어딘가 조금씩 달라진다. 눈빛이 조용해지고, 마음이 한결 정돈되며, 나도 그렇게 책처럼 살아야겠다는 생각이 들기도 한다.

삶을 책처럼, 책을 삶처럼. 독립서점은 그 둘이 조용히 겹치는 장소다.

독립서점 여행기 한 번 떠나보세요
경주, 대구, 부산, 제주를 잇는 조용한 책 여행

책이 있는 곳으로 길을 내다

계획은 늘 지도를 펼치는 일에서 시작된다. 하지만 이번엔 조금 다르게, 책방부터 검색했다.

경주에 '어서어서'라는 책방이 있다는 것을 알게 된 순간, 여행지의 콘셉트는 정해졌다.

'독립서점 순례'.

호텔보다 먼저 책방의 위치를 확인했고, 체크인보다 먼저 책장을 열어보기로 했다.

이 여행은 어떤 명소도, 어떤 축제도 목적이 아니다. 그저 책이 있는 곳으로 걷는 것이다.

경주 - 고요한 도시, 따뜻한 책

　황리단길은 기대만큼 북적였지만, '어서어서'는 마치 다른 시간에 있는 공간 같았다.
　작은 공간에 들어서는 순간, 책이 아니라 마음이 펼쳐진다.
　처방전처럼 고른 에세이와 소설, 그리고 약봉지를 닮은 책봉투에 웃음이 났다.
　"조용히 좋아하는 것을 하며 산다는 건 이런 거겠지."
　책방 구석, 아날로그 라디오처럼 조용한 사장님의 손길이 곳곳에 느껴졌다.
　책을 한 권 사고, 근처 한옥 카페에 앉아 펼쳤다.
　종이 냄새와 커피 향이 섞인 오후, 여행이 아니라 삶을 살아가는 기분이었다.

대구 - 익숙함 속의 낯선 발견

　대구는 오래된 도시다. 내가 자란 곳이기도 하다. 그러나 '책방 서로'에 들어선 순간, 그 낡음은 새로움으로 전환되었다.
　좁은 계단을 따라 올라가면, 흰 벽과 나무 선반이 마음을 내려놓게 만든다.

책을 고르다가 거울을 봤다. 왠지 내 얼굴이 달라 보였다.

'책을 읽고 싶은 사람이 되는 공간', 그게 독립서점의 힘이었다.

카페와 함께 있는 책방 '숨 책방'에서는 누군가 흘려놓은 재즈 음악 사이로

낯선 문장이 내 안에 들어왔다.

"삶은 어쩌면 계속되는 수정과 덧칠의 과정이다."

고개를 들었을 때, 유난히 따뜻한 햇볕이 책장 위로 내려오고 있었다.

부산 - 바다 옆의 문장들

부산은 언제나 활기찬 도시지만, '책방 이층'은 정반대였다.

수영구의 조용한 골목, 계단을 오르자 벽에 걸린 문장이 나를 맞았다.

"책은 여행이다. 그 여행은 당신을 어디로든 데려간다."

책방 한편에 마련된 작은 의자에 앉아 책을 넘기지 말고 창밖을 보았다.

바람에 흔들리는 나무와 그 너머로 보이는 바다.

말이 필요 없는 풍경과 책장이 만나, 하나의 이야기가 되었다.
'인디고서원'은 또 다른 세계였다. 청소년을 위한 공간이라 했지만, 어른에게도 위로가 되는 문장이 많았다.
책방을 나와 광안리에서 밤바다를 보며, 오늘 사들인 책의 첫 문장을 다시 읽었다.

독립서점, 여행의 목적지가 되다

이 여행은 결과보다 '머무름'의 시간이 많았다.
책방에서 보낸 몇 시간, 읽은 문장보다도 그 공간이 준 분위기가 더 오래 남았다.

숙소를 예약하고, 책방을 동그라미 치고, 근처 맛집을 골라가는 여행.
하루에 한두 곳의 독립서점이면 충분하다.
많이 보기보다, 깊이 머무는 일이 더 좋다.

책방은 그 자체로 도시의 기분이 된다.
책을 사는 일이 아니라, 책을 읽고 싶은 '나'를 만나기 위한 여행.
그런 여행을 여러분도 한 번 떠나보시길.

전국 주요 도시 독립서점 안내

경주

어서어서
주소: 경북 경주시 포석로 1083
특징: 약봉지 같은 책봉투로 유명한 황리단길의 독립서점

누군가의 책방
주소: 경북 경주시 서악2길 32-16
특징: 책이 가득한 감성적인 공간, 독립출판물 큐레이션

아니마 아니무스
주소: 경북 경주시 유림로 36-14 도경빌딩 1층
특징: 치료사가 운영하는 책방, 다양한 치유 프로그램을 함께 진행

북샵 라벤더
주소: 경북 경주시 중앙로 80
특징: 경주읍성 동네의 아담하고 예쁜 서점.

소소밀밀

주소: 경북 경주시 포석로 1092번길 16

특징: 생활 속 책 읽기를 제안하는 작은 서점

경주산책

주소: 경상북도 경주시 보문로 388

특징: 힐링 큐레이션, 아트·라이프북 중심, 감성 공간

북카페 봄날

주소: 경상북도 경주시 황남동 221-13

특징: 한옥 개조 북카페, 좌석 분리, 전통 건축 분위기

북미 Book Me

주소: 경상북도 경주시 북성로 103-1, 2층

특징: 영어 원서와 영화 서적 중심의 감성 독립서점

대구

사소한 책방

주소: 대구광역시 당산로 210-43 1층

특징: 문학, 그림책, 독립출판물 등 다양. 생일책.공간대여 가능

환상문학
주소: 대구 중구 국채보상로 123길 11 1층
특징: 신비로운 분위기, SF 판타지 미스터리 스릴러, 추리 호러장
   르 전문

더폴락
주소: 대구 중구 경상감영1길 62-5 1층
특징: 유니크한 독립출판물, 11년차 독립서점

북셀러
주소: 대구 중구 대봉동 14-5
특징: 이국적 외부, 감성적. 독립출판물. 중고서적 취급

산아래 詩
주소: 대구 남구 현충로 7길 6
특징: 대구경북 시인들의 시집을 위주. 전국 최초 시집만 판매하는
   책방

대봉산책

주소: 대구 중구 명덕로 249

특징: 3만여 권의 빈티지 북 판매, 입구 돌담과 초록문이 매력적

책방공공

주소: 대구 중구 봉산문화길 43 2층

특징: 잡화와 그림을 판매

심플책방

주소: 대구 동부로34길 4 지하1층

특징: 책, 고양이 칵테일 그리고 시티팝

담담책방

주소: 대구 서구 달서로81-2 3층

특징: 아늑하고 카페 같은 분위기

여행자의 책

주소: 대구 동구 방천로2길 3 1층

특징: 대구공항 근처. 책,커피,전시 & 게스트 하우스

제주

책방무사
주소: 제주. 서귀포시 성산읍 수시로 10번길 3
특징: 자연과 함께하는 서점, 독립출판물과 사진집 위주

소심한 책방
주소: 제주시 구좌읍 종달동길 36-10
특징: 작은 공간에서 큰 감성을 전하는 낭만적인 독립서점

책자국
주소: 제주시 구좌읍 종달로1길 117
특징: 아이와 함께하기 좋은 그림책 전문 서점

숨책방
주소: 제주시 애월읍 장유길 42
특징: 감성적인 소규모 독립서점

책다방
주소: 제주시 구좌읍 월정리 607

특징 : 책과 차, 쉼이 함께하는 복합공간

책방 작은숲
주소 : 제주시 서사로 21길 4
특징 : 책과 함께 여유를 즐기기에 좋은 아늑한 독립서점

책방 소리소문
주소 : 제주시 한경면 저지동길 8-31
특징 : 삐거덕 거리는 문을 열면 빼곡한 책들이 아름다운 독립서점

사슴책방
주소 : 제주시 조천읍 중산간동로 698-73
특징 : 유럽 감성의 정원이 아름다운 그림책방

보배책방
주소 : 제주시 애월읍 납읍로2길 15-1
특징 : 커피와 음료를 마시면서 책 읽기 좋은 독립서점

서울

유어마인드
주소: 서울 서대문구 연희로11라길 10-6 2층
특징: 독립출판물 전문, '언리미티드 에디션' 아트북 페어 주최

고요서사
주소: 서울 용산구 신흥로 15길 18-4
특징: 문학 중심 서점, 조용한 분위기

이후북스
주소: 서울 마포구 망원로4길 24 2층
특징: 고양이 관련 독립출판 큐레이션

땡스북스
주소: 서울 마포구 양화로6길 57-6 1층
특징: 감각적 큐레이션이 돋보이는 서점

헬로인디북스
주소: 서울 마포구 연남동 227-16

특징 : 독립출판물만 전문적으로 다룸

사이에
주소 : 서울 종로구 북촌로 125-6
특징 : 여행과 기록, 감성 중심의 책방

미스터리 유니온
주소 : 서울 서대문구 이화여대길 88-11
특징 : 추리소설 전문 독립서점

사진책방 이라선
주소 : 서울 종로구 북촌로1길 30-11 1층
특징 : 사진 관련 도서 전문

책바(Bar)
주소 : 서울 마로구 포은로 90 301호
특징 : 책과 다양한 술과 건강한 안주로 즐기는 시간

부산

더, 플레이스
주소: 부산 수영구 수영로 409 교연빌딩 4층
특징: 신기한 책과 소품 가득한 서점

주책공사
주소: 부산 수영구 민락본동로 19번길 36-11
특징: 주택의 외관. 크라프트 책 쇼핑백

밤산책방
주소: 부산 수영구 수영로 510번길 42 지하1층
특징: 무인책방, 아기자기한 분위기, 친절한 책설명

인디고서원
주소: 부산 수영구 수영로 408번길 28
특징: 청소년 인문학, 교육 프로그램 운영

북앤스페이스
주소: 부산 강서구 명지오션시티8로 7-1

특징: 감성적 분위기의 북&카페

책방 기억의숲

주소: 부산 기장군 기장읍 기장대로 82

특징: 독서모임과 문화이벤트 진행

샵메이커즈

주소: 부산 수영구 남천동로 5 2층

특징: 핸드메이드 감성 책방

전주

책방 토닥토닥

주소: 전북 전주시 완산구 풍남문2길 53 남부시장 청년몰 2층

특징: 마음을 어루만지는 책들로 구성

서점 카프카

주소: 전주시 완산구 풍남문4길 32 2층

특징: 정기휴무 월,화 이틀. 아늑한 실내

잘익은 언어들

주소: 전주시 덕진구 거북바우로 68-1 1층

특징: 북토크, 인문학 토크, 실없는 콘서트

물결서사

주소: 전주시 완산구 물왕멀2길 9-6

특징: 예술서점

플리커 러프엣지

주소: 전주시 완산구 서신천변로 43

특징: 오프라인 그룹별 방문예약제

책방 놀지

주소: 전주시 덕진구 견훤왕궁로 279-1

특징: 카페서점, 기획도서, 독서모임, 낭독회, 세미나실 대여

그섬에 가게

주소: 전주시 완산구 강변로96 신일강변아파트 상가2동 104호

특징: 그림책방, 북토크

살림책방

주소: 전주시 완산구 전라감영로 42-1 2층

특징: 예약제, 1인석 다다미방 2시간 이용, 독서모임 대관

도시의 결, 책의 결
- 다녀왔던 독립서점 -

경주는 시간을 천천히 걷는 도시다. 돌담 너머 기와지붕이 이어지고, 낮게 깔린 하늘 아래에서 사유는 자연스럽게 시작된다. 그곳에서 만난 독립서점은 공간이라기보다 하나의 태도처럼 느껴졌다. 책을 고른다는 일, 누군가를 위로한다는 일이 얼마나 조용하고도 묵직한 일인지 새삼 깨닫게 되었다.

대구는 뜨거운 도시다. 낡은 벽과 오래된 골목, 붉은 벽돌 위로 흐르는 정서가 있다. 이 도시의 서점들은 누군가의 버팀목처럼, 불쑥 고개를 내민 창처럼 다가왔다. 책과 함께 버텨온 시간의 냄새가 서점 구석마다 스며 있었다. 책을 좋아해서가 아니라, 살아남고 싶어서 문장을 붙잡은 사람들이 만든 공간 같았다. 그래서 더 끌렸다.

제주는 멈춤의 섬이다. 바람이 불고, 멀리서 파도가 들려오는 조용한 풍경 속에서 책은 더 잘 읽힌다. 제주의 독립서점은 다정하다. 말을 아끼고, 소리를 낮추고, 여백을 남긴다. 그곳에선 책도 사람도 무겁지 않다. 단지 그 자리에 있다는 것만으로도 충분한 공간. 그런 서점들이 제주에 있다. 한 권의 책이 한 줄의 파도처럼 다가와 마음을 흔들고 지나간다.

> **TIP**
>
> 책은 책방에서 더 깊어집니다.
> 동네 독립서점은 단순한 공간이 아니라, 책과 사람, 그리고 당신의 취향을 이어주는 '취향의 안식처'입니다.
> 책방 투어는 당신의 독서지도를 그리는 일입니다.

毒서 장비
독서도 장비빨이다

책을 더 깊고 오래 읽기 위해 나는 장비를 챙긴다. 책상 위에 펼쳐진 도구들은 단순한 물건이 아니라, 나의 독서 흐름을 이어주는 도우미다. 형광펜 하나, 포스트잇 몇 장, 조용한 조명, 내 손에 익은 연필 하나. 책을 읽는다는 건 도구와 나 사이의 합일이기도 하다.

독서대 - 자세를 세우는 독서

예전에는 두툼한 나무 독서대가 주를 이뤘다. 묵직한 무게만큼 안정감이 있었지만, 들고 다니기엔 부담스러웠다. 요즘은 가볍고 투명한 아크릴 독서대도 인기다. 책의 디자인을 해치지 않으면서도 각도를 적당히 잡아주어, 독서 흐름을 방해하지 않는다.

독서대는 단순히 책을 올려놓는 도구가 아니다. 바른 자세를 만들고, 긴 시간을 집중할 수 있도록 도와주는 조용한 조력자다. 자세가 흐트러지면 생각도 흩어진다. 독서는 곧, 몸과 마음의 균형을 세우는 일이다.

형광펜 (ALPHA Design Marker) - 색으로 기억하는 독서

형광펜 - 문장 위를 스쳐 지나가는 감각

형광펜은 학생들의 전유물처럼 여겨지지만, 독서를 오래 해본 사람들은 안다. 형광펜만큼 독서에 요긴한 도구도 드물다는 것을. 중요한 문장을 그어두고, 나중에 다시 펼쳤을 때 반짝이는 흔적 하나가 읽을 당시의 마음을 그대로 떠올리게 해준다.

형광펜은 과하지 않은 선에서 사용하는 것이 좋다. 한 장에 한 단어나 한 줄 정도. 핵심을 파악하고 문장의 흐름을 해치지 않는 선에서, 아주 조심스럽게 스쳐 지나가듯.

요즘은 '형광'보다는 수채화 물감처럼 연하고 투명하게 그어지는 제품이 많다. 톤다운된 핑크나 연회색, 차분한 푸른색 같은 색들은 문장을 가리지 않으면서도 은근한 존재감을 남긴다.

나는 형광펜이 종이에 닿을 때, 느껴지는 그 '폭삭한' 감각이 좋다.

펜촉이 종이 위를 미끄러지듯 눌리고, 그 아래 문장이 부드럽게 잠기는 순간. 독서는 단지 눈으로만 하는 일이 아니라, 손끝의 감각으로도 기억된다는 걸 형광펜은 자주 일깨워준다.

포스트잇 – 생각을 붙잡는 독서

문장 옆에 조용히 나의 사유를 붙인다. 그 책은 나만의 주석집이 된다.

생각이 튀어 오를 때 붙여두기 좋다. 문장 옆에 조심스럽게 내 생각을 적어두면 그 책은 나만의 주석집이 된다.

연필 (PRISMACOLOR 3B) – 부드럽게 새기는 독서

잉크보다 조용하고, 볼펜보다 따뜻하다. 종이 위에 마음을 눌러 담는다.

촉촉한 감촉이 좋다. 마치 물 한 모금 머금은 듯 부드럽게 필기가 된다. 형광펜보다 조용하고, 볼펜보다 따뜻하다.

Penco 집게 – 흐름을 멈추지 않는 독서

잠깐 넘너라도, 다음 장이 이어진다. 책의 흐름을 단정히 붙잡아주는 손가락.

책을 읽다가 잠시 덮어야 할 때, 나는 펜코 집게를 사용한다.

가볍고 튼튼한 플라스틱 소재라 부담 없이 쓸 수 있고, 옆으로 길게 벌어지는 입구 덕분에 책장 한쪽을 조용히 집어두기에 제격이다.

톤 다운된 색감도 매력적이다. 튀지 않으면서도 고유의 분위기를 갖고 있어, 책과 잘 어우러진다.

읽는 흐름을 자연스럽게 이어가고 싶을 때, 펜코 집게는 조용한 동반자가 되어준다.

날짜 스탬프 (TRODATN Printy 4810) - 시간을 기록하는 독서

책을 사 온 날, 읽기 시작한 날, 다시 꺼낸 날. 나는 날짜 스탬프를 책의 앞장에 조용히 눌러 찍는다. 그 책과 내가 처음 만난 시간이 거기에 남는다. 짧은 '딱' 하는 소리에 기억이 눌러앉는다.

활용 팁
- 구입일, 첫 독서일, 완독 일을 각각 남겨두면 좋다.
- 앞장에 세로로 찍으면 깔끔하고, 나만의 독서 연대기가 된다.
- 오래 두고 다시 꺼낸 책일수록, 그 날짜들이 시간의 결을 만들어 준다.

날짜를 찍는 이 작은 습관이, 책을 더 오래 곁에 두는 마음의 기록이 된다.

요일/날씨 스탬프 (MIDORI) - 하루를 담는 독서

그날 날씨와 기분, 계절의 감촉. 나는 책을 펼친 날의 공기를 남기고 싶을 때, 이 스탬프를 꺼낸다. 화창한 월요일, 흐린 수요일, 비가 내리던 금요일. 그 작은 도장이 찍힌 자리에 그날 온도가 남는다.

활용 팁
- 날씨와 요일을 함께 기록해 두면, 책을 읽던 순간의 분위기가 오래 기억된다.
- 하루의 기분을 단어로 간단히 표현해 보면 좋다.
- 매일 한 줄 독서일기와 함께 찍으면, 스탬프가 작은 다이어리 역할도 한다.

책을 읽는다는 건, 단지 내용을 넘기는 일이 아니라, 그날의 나를 함께 남기는 일이다. 스탬프 하나로 하루가 책 속에 묻어난다.

책갈피 - 기억을 접어두는 독서

덮어도 잊지 않게. 다시 돌아갈 그 순간을 위해 조용히 기다려준다.

책을 펼칠 때 맨 먼저 보게 되는 건 책갈피다. 단순한 위치 표시가 아니라, 책 속에 살짝 끼워진 그것은 나의 취향과 감각, 그리고 개성을 고스란히 담고 있다. 어떤 책은 책갈피 하나로 기억되기도 한다.

나는 시중의 책갈피 대신, 내가 고른 이미지를 코팅해 사용한다. 잡지 속 마음에 드는 연필 사진, 향수 박스의 독특한 패턴, 오래된 그림엽서, 때로는 친구에게 받은 손 편지 한 조각까지. 마음이 끌리는 것을 컬러 복사하고, 단단하게 코팅해 책 사이에 조용히 끼운다.

이렇게 만든 나만의 책갈피는 책을 읽는 순간순간에 작은 영감을 건넨다. 그날의 감정이나 계절의 기분이 스며든 조각은 독서의 리듬을 바꾸고, 때로는 멈췄던 페이지를 다시 열게 만든다.

책갈피 하나로 독서가 더 좋아진다. 나만의 방식으로 책을 더 오래, 더 깊이 만나는 일.

색채 인덱스 - 구조를 세우는 독서

책은 지도이고, 색은 나의 길이다. 나만의 독서 지형도를 만든다.

책 전체 구조를 파악하고 다시 찾아보기 좋다. 색으로 분류하고, 의미를 부여하며 책을 나만의 지도처럼 만든다.

북 퍼퓸 - 향기로 읽는 독서

 책을 펼칠 때 은은히 퍼지는 향이 있다면, 그 책은 한층 더 기억에 남는다. 나는 종종 좋아하는 향을 책장 사이에 스며들게 한다. 라벤더처럼 마음을 가라앉히는 향, 백단처럼 묵직하게 깊어지는 향. 향기는 곧 감정의 통로가 되고, 그 감정은 문장을 따라 흐른다.
 책을 위한 퍼퓸은 단순한 사치가 아니다. 그것은 독서의 밀도를 높여주는 감각의 도구다. 내 마음을 가장 조용히 흔드는 향 하나쯤은 독서의 친구로 곁에 두어도 좋다.

조명 스탠드 - 빛으로 감싸는 독서

 어둠 속에서 책을 읽는 건 눈뿐 아니라 마음도 피로하게 한다. 따뜻한 조명 아래에서 읽는 책은 문장이 더 부드럽게 다가온다. 너무 밝지 않고, 그림자가 덜지는 조명. 나를 감싸는 듯한 빛 속에서 독서는 더 오래 지속된다. 좋은 조명은 책을 위한 배경이 아니라, 독서를 위한 환경이다.

> **TIP**
>
> 형광펜, 포스트잇, 독서대, 북마크…
> 도구는 독서를 돕는 '마중물'입니다.
> 도구를 정비하면 책 읽는 마음도 정돈됩니다.

5장

독서 모임

— 책을 사이에 두고
서로를 읽어가는
'연결'

책은 혼자 읽을 수 있다. 그러나 함께 읽을 때, 비로소 책은 살아 움직이기 시작한다.

사람들은 종종 책을 읽어야 한다는 당위는 알지만, 막상 책상 앞에 앉기까지 많은 이유로 망설인다. 그런데 이상하게도 독서 모임에 한 번만 참여하면 달라진다. 설령 억지로 시작했더라도, 강제된 약속 속에서 우리는 자리를 지키고 책장을 넘기게 된다.

'다음 모임 때 이 부분에 대해 뭐라도 한마디는 해야 하니까'라는 부담이, 의외로 강력한 동기부여가 된다. 그 첫 책이 인생의 전환점이 되기도 하고, 낯선 이름의 작가가 평생의 친구가 되기도 한다.

독서 모임에 나가다 보면 종종 내 취향과는 거리가 먼 책을 만나게 된다. 정해진 도서를 따라 읽는 일이 마치 반강제 독서처럼 느껴질 때도 있다.

사실 책 읽기에도 편식이 있다. 우리는 좋아하는 작가, 익숙한 문장, 예측할 수 있는 결말을 찾으며 안락한 독서의 세계에 머무르곤 한다. 하지만 문득 이런 생각이 든다.

내가 선호하는 것만 읽고, 나와 결이 맞는 책만 고른다면, 내 사고도 어느새 편파적으로 굳어버리는 건 아닐까.

때로는 불편하고 낯선 문장을 넘기는 일이, 때로는 이해되지 않는 인물에 대해 말하는 일이

생각의 근육을 길러주고, 마음의 폭을 넓혀준다.

입에 쓰지만, 몸에 좋은 약처럼, 나와 닮지 않은 책 한 권이 내 안의 빈틈을 채워주는 영양이 될 수도 있다.

그렇게 우리는 조금씩 더 단단해지고, 너그러워진다.

1. 독서 모임의 시작과 목적

독서 모임은 책을 매개로 모인 사람들이, 함께 읽고 이야기하며 지식과 감정을 나누는 공간이다. 처음엔 혼자 읽기 버거운 책을 함께 읽자는 단순한 제안에서 시작되지만, 결국에는 사람과 사람을 연결하는 다리가 된다. 책을 읽는 것 자체도 중요하지만, 그 책에 대해 말하고, 듣고, 다시 생각하는 과정이 독서 모임의 핵심이다.

2. 운영 방식

- 모임 주기: 주 1회 혹은 월 1회 등 정기적인 계획을 정해 진행
- 도서 선정: 구성원 투표, 돌아가며 추천, 주제 선정 후 도서 매칭 등 다양
- 토론 방식: 발제자 중심, 자유 발언식, 소그룹 나눔 등 유연한 방식
- 기록과 확장: 모임 내용을 공유하기 위해 블로그에 남기거나, 작가 초청과 같은 외부 활동으로 이어지기도 함

3. 독서 모임이 가져오는 변화

- 책을 끝까지 읽게 된다: 의무감이 아니라 '함께 읽었다는 성취감'이 동기가 됨
- 다른 사람의 생각을 접한다: 같은 문장을 전혀 다르게 해석하는 감상을 들으며 시야가 넓어짐
- 말하는 법을 배우고 듣는 귀가 열리다: 말로 정리할 수 있어야 진짜 이해했음을 깨닫게 됨
- 사람을 얻는다: 책으로 시작했지만, 결국 사람과의 관계가 삶의 깊이를 만들어줌

4. 독서 모임의 다양한 형태 – 나에게 맞는 독서 모임 찾기

독서 모임은 생각보다 훨씬 다양한 방식과 성격으로 운영된다. '책을 같이 읽는다'라는 목표는 같지만, 모임이 추구하는 분위기, 운영 방식, 구성원 간의 교류 방식에 따라 성격은 완전히 달라진다.

나에게 맞는 독서 모임을 찾는다면, 책 읽는 즐거움은 물론 사람과 연결되는 기쁨까지 덤으로 얻게 된다. 〈책을 읽고 있는 지금, 진지하게 검토해 보세요.〉

1) 테마형 독서 모임 – 같은 고민, 같은 질문을 가진 사람들

한 가지 주제나 문제의식을 중심으로 책을 선정

예: 여성, 환경, 심리학, 경제, 청소년교육, 노년의 삶 등

예시: '지속가능한 삶을 위한 독서회'에서는 『기후정의』, 『우리는 언젠가 죽는다』 등을 함께 읽으며 생애주기와 환경, 사회문제를 연결하여 토론함

2) 작가 집중형 독서 모임 – 한 작가를 깊이 파고드는 몰입

특정 작가의 작품을 처음부터 끝까지 탐독하는 방식

예: 하루키 전작 읽기, 김훈 문장 분석, 한강의 주제 분석 등

특징: 문체, 철학, 반복되는 주제를 깊이 있게 비교하며 탐구할 수

있음

글쓰기를 병행하는 모임으로 확장되기도 함

3) 고전 탐독 형 독서 모임 – 오래되었지만, 여전히 낯선 철학, 고전문학, 종교 서적, 역사서 등 난이도 있는 책을 함께 읽음

예: 『니체의 차라투스트라』, 『논어』, 『죄와 벌』, 『신곡』 등
운영 방식: 발제자 중심, 요약 및 해석을 나누는 구조가 많으며, 읽기 힘든 고전의 진입 장벽을 낮추는 데 효과적

4) 아웃풋 중심 독서 모임 – 읽고 쓰고 발표하는 성장을 위하여

- 독서 후 감상문 쓰기, 블로그 게시, 낭독회, 작가 되기 프로젝트 등 결과물 생성 중심
- 글쓰기 모임, 북 큐레이션, 북토크 준비로도 확장됨

예시: "읽고 쓰는 월요일"이라는 이름으로 매주 한 권을 읽고 500자 글을 쓴 후 공유하는 모임

5) 온라인 독서 모임 – 연결의 장벽을 허문 읽기

- zoom, 오픈 채팅, 디스코드, 구글독스 등으로 운영
- 지역, 나이, 직업 무관하게 지리적 경계 없이 소통 가능

특징: 카메라를 켜지 않아도 되고, 텍스트로만 참여할 수 있어 내향적인 사람에게도 적합

6) 생활 밀착형 독서 모임 - 동네에서 책으로 연결된다.
　독립서점, 동네도서관, 마을 커뮤니티 공간 등에서 진행
　예: '황리단길 북클럽', '누군가의 책방 수요모임', '도서관 엄마의
　　　책 모임'
　특징: 지역사회와 연결되며 서점/도서관 활성화에도 이바지함

7) 1인 1책 공유형 독서 모임 - 다양성의 향연
　- 각자 다른 책을 읽고 모여 서로의 책을 소개하는 방식
　- 강제성이 없고 부담이 적어 입문자에게 적합
　이점: 폭넓은 책 정보와 관점을 빠르게 얻을 수 있음

8) 자기 계발형 독서 모임 - 목표 달성을 위한 실용 독서
　리더십, 시간 관리, 재테크, 자기관리 등 목적 중심 책을 읽고 실천 사항 공유
　예: '52주 재테크 독서 모임', '성장을 위한 새벽 책 읽기'
　특징: 구체적인 행동 변화, 습관 형성에 효과적

9) 감성 독서 모임 - 말보다는 느낌을 나누는 방식

- 책의 문장, 그림, 표지, 향기 등을 중심으로 느낌을 나누는 모임
- 커피, 음악, 그림엽서와 함께 책을 즐기기도 함

예시: '문장 하나로 충분한 독서회' - 마음에 남은 문장 하나만 공유

독서 모임은 독서법이 아니라 삶을 공유하는 방법이다.

어떤 모임이든, 책을 읽는 일이 하나의 연결고리가 되어 사람과 사람을 이어준다. 그 속에서 우리는 나를 발견하고, 내가 알지 못했던 세계를 이해하게 된다. 혼자선 끝까지 읽지 못했을 책도, 함께라면 완독하게 되는 이유가 여기에 있다.

> **TIP**
>
> 읽고, 나누고, 다시 읽는 과정에서 책은 비로소 살아납니다.
> 독서 모임은 다른 사람의 시선으로 책을 다시 보는 훈련장입니다.
> 혼자 읽는 것보다 함께 읽는 것이 더 멀리 갑니다.

책을 읽는다는 건, 삶의 방향을 조금씩 바꾸는 일이다

나는 엄청나게 머리가 좋은 사람은 아니다. 그저 평범하게 자라고, 평범하게 공부했다.

그런 내가 대학에서 학위를 네 개나 받고, 여러 자격증을 따고, 다양한 분야에서 일할 수 있었던 건, 지금 생각해 보면 책 덕분이었던 것 같다.

책을 많이 읽었기 때문에 글을 읽는 눈이 생겼고, 글을 읽을 줄 알았기 때문에 글을 쓰는 손도 따라왔다. 보고서든, 서류든 글로 표현해야 할 순간마다 책 속에서 익힌 문장들이 나를 도와주었다.

무엇보다, 책을 통해 세상을 미리 만나보았고, 글을 통해 생각을 정리할 수 있는 사람이 되었다.

책은 그저 한 권의 물건이 아니라, 나를 단련시킨 조용한 도구였다.

그래서 말하고 싶다. 책을 통해 우리는 조금 더 나은 삶을 살 수 있다.

아주 극적이지 않아도, 아주 특별하지 않아도 한 권 한 권이 쌓여 인생의 방향을 바꾸는 힘이 된다.

6장

/

〈울산저널〉 연재

『독서는 힘이다』

기록이 주는 영광

　성공한 사람 중에는 기록하는 습관을 지닌 사람이 많다. 사십 년 동안 하루도 빠지지 않고 일기를 써온 사람도 있고, 읽은 책에 대해서는 빠짐없이 독서록을 써온 사람도 있고, 금전출납부를 오랫동안 적어 온 사람도 있다.

　삶의 속도는 점점 빨라지고 있다. 19세기 사람을 요즘 세상에다 옮겨 놓으면 심한 현기증을 느낄 것이다. 생각이 변화를 좇아가는 데 익숙하지 않기 때문이다. 동시대를 살아도 삶의 속도는 제각각이다. 농촌보다는 도시의 속도가 빠르고, 늙은 사람보다는 젊고 활동적인 사람의 삶이 빠르다. 순간순간 배우는 것도 많지만, 그만큼 잊어버리는 것도 많다.

무언가를 얻고 싶다면 기록하는 습관을 길러야 한다. 수첩을 품고 (스마트폰 기기도 괜찮다.) 다니면서 영감이 떠오르거나 누군가에게 좋은 이야기를 들었다면 그 자리에서 기록하라. 책을 읽었다면 반드시 시간을 내서 감상문을 적어보라. 영화를 보았다면 느낌을 간단히라도 적어라. 책이나 영화는 한 시대를 풍미한 장인들의 땀과 노력의 결정체이다. 보고 나서 곧바로 잊어버린다면 당신은 돈과 시간만 낭비한 셈이다.

짧게 기록하는 방법에 대해 기록해 보았다.

기록의 핵심은 100개의 기록이 만들어졌으면 중요한 10개만 보관한다는 것이다. 이것 중에 제일 유용한 것을 골라서 그것을 활용하는 것인데, 이것을 '평가(appraising)해서 선별(selecting)한다.'라고 말한다.

기록은 곧 요약이고, 기록한다는 것은 요약하는 행위를 반복하는 것이다.

기록형 인간은 경험 기억의 전체를 담는 동시에, 그것의 대표 격에 해당하는 단어 몇 개를 기록으로 남긴다. 이것들이 오랜 시간 누적되면 자기의 이야기와 글, 강의 그리고 사상이 된다.

단순히 기록하는 것 자체에는 아무런 의미가 없다. 자신에게 가치 있고 의미 있는 기록을 만들어내는 게 진정한 기록의 출발이다.

기억의 대체 수단으로 기록을 생각하기 쉽다. 그런데 기록하는 일이 주는 직접적인 효용은 사실 기억이 아니라 '집중'이다. 쓰기만 하는 사람이 아니라, 기억하는 사람으로 살아야 한다. 답은 요약과 집중에 있다는 사실을 명심하자.

요약이 익숙하지 않은 사람이라면 먼저 이렇게 시작해 보자. 무엇이 되었든 키워드 2개만 메모하는 것이다. 유튜브든지, 책을 읽든지, 얇은 책을 읽든지 마찬가지다. 핵심만 찾아서 조금만 메모하라. 이것이 올바른 메모법을 실천하는 가장 쉽고 간단한 방법이다.

챕터를 요약할 때 A4 용지 기준으로 반쪽을 넘지 마라. 서너 챕터를 읽고 요약하기를 반복하다 보면 내가 무엇을 읽었는지 큰 맥락이 명확하게 잡힌다. 책 한 권을 읽으면 A4 3장 이내로 메모하는 게 좋다.

"책을 읽는 데 6시간, 메모하는 데 1시간 소요 정도가 가치 있다. 읽는 거보다 쓰는 데 시간을 더 할애한다면 메모가 필요 없다." 〈기록학자 김익한 교수님〉

기록은 하다 보면 무조건 실력이 는다. (기록의 가장 큰 장점)

자기화한 것만 이해할 수 있다. 학문의 세계는 여러 사람의 자기화를 통해 성장한다. 다시 말하면 다른 사람들이 이야기한 것을 가져와서 거기에다가 내 생각을 10퍼센트쯤 얹는 게 학문의 방법이다. 일상을 살아가면서 얻게 되는 새로운 지식이나 깨달음 등을 놓치지 말고 키워드로 메모해 두자. 메모해 둔 것을 토대로 나의 이야기를 덧붙이자. 이 원칙을 기억하며 말과 글로 표현한다면 누구보다 빠르게 성장의 기쁨을 맛볼 수 있을 것이다.

책을 자기화하는 최고의 방법은 첫째 관심이 가는 장이나 절부터 읽기 시작한다. 내용을 문단별로 읽어 내려갈 때도 모든 것을 다 이해하고 기억하려고 해서는 안 된다.(건너뛰어도 된다.) 둘째 읽으면서 중요 키워드를 동그라미나 줄 (이때도 읽는 동시에 바로 표시하는 게 아니라, 몇 쪽을 읽고 맥락을 파악한 뒤에 표시하는 것이 좋다.)로 표시한다. 셋째 메모는 노트에 해도 되고, 책 여백에 해도 된다. 자기화를 통해 한번 거르고, 내 지식으로 만들고 싶은 것만 메모하면 된다.

오독에 대한 두려움을 버려야 한다. 저자의 의도보다 중요한 것은 책을 읽으면서 담긴 서사를 생생하게 떠올릴 수 있기 때문에 그 책은 내 머릿속에 언제고 존재할 것이다.

짜깁기와 요약의 결정적 차이는, 짜깁기는 베껴 쓴 것을 그대로 편집하는 것이다.

요약은 같은 내용이더라도 키워드만 적어 자기식으로 편집하는 것이므로, 요약을 중심으로 기록해야 한다. 짜깁기는 내 것이 될 수가 없다. 단, 필사의 경우와 짜깁기의 경우는 적절한 비교가 아니다. 요약할 때는 내 생각, 나의 언어를 사용해야 한다. 그래야 진정한 내 것이 된다.

기록하는 습관을 길러라. 그 버릇이 성공으로 가는 길에, 어느 쪽으로 가야 빠르고 좋은지 가르쳐줄 것이다.

책, 이제 자신에게 맞게 읽어라!

　우리는 어린 시절부터 책을 많이 읽으라는 말을 수없이 들어왔다. 그러나 그 누구도 '어떻게' 읽어야 하는지는 알려주지 않는다. 단지 '얼마나' 읽었는지, 독서량에 집중할 뿐이다. 우리는 왜 이렇게 '책 읽는 양'에 집착하는 걸까?

　「서울대 도서 목록 100권」부터 「초등학생 필독 도서」에 이르기까지 빨리 읽는 것에만 집중해, 정작 책을 어떻게 읽어야 하는지는 무신경하다. 필자 역시 그랬다. 결론적으로 많은 책을 어떻게 읽음으로써 우리가 얻는 것은 단순하게 많은 책을 빠르게 읽었다는 행위뿐이다.

　책을 읽는 건, 즐거움 자체가 목적이어야 한다. 책을 읽은 양과 방법을 목적으로 삼으면 더 이상 책을 읽는 것이 즐거움이 아니다. 늘 늘어나는 지식의 양만큼 우리는 지혜로워졌는지, 지적으로 풍성한 삶을 살고 있는지에 대해서도 질문을 던져봐야 한다. 정작 모두 짐작하듯, 그렇지 않다. 인간의 뇌가 저장할 수 있는 지식의 양에서는 한계가 존재한다. 속도와 양보다는 내가 마음에 드는 선택을 해야 한다. 다 읽을 수는 없는 노릇 아닌가!

히라노 게이이치로는 「책을 읽는 방법」에서 '슬로리딩'을 강조했다. 저자는 책장을 넘기며 자기 나름대로 생각하고 느낀 것을 앞으로의 생활에서 어떻게 적용해 나갈 것인가를 생각할 때, 비로소 독서의 의미를 지닌다고 이야기한다. '게임에서 주어진 임무를 수행'하는 것처럼 의무적으로 읽는 독서는 무의미하다. 시간과 노력을 들여 읽은 책은 작게나마 우리 삶에 적용할 수 있게 되고, 이를 통해 깨달은 것을 다른 사람과 나눌 수 있게 된다.

'슬로리딩'을 하자면 재미가 있는 책을 읽어야 할 것이다. 그래야 시간과 노력을 들여 읽는 나의 독서가 헛되이 되지 않는다. 필자 역시 진심으로 내게 맞는 책을 권하고 싶다. 그리고 읽기 싫은 부분을 억지로 고통을 감내하면서까지 읽지 말자. 등산을 예로 들어보자. 산 꼭대기 정상까지 올라가는 것만이 등산이라고 한다면 올라가다가 내려오는 사람, 중간쯤에서 텐트를 치고 2박 3일 머무는 사람도 있다. 그들도 분명 산에 올라간 사람이다. 책도 그러하다. 읽으면 잠만 오는 책이나, 도대체 무슨 말인지 모를 책이라면 과감하게 덮어 버리자. 내가 읽고 싶은 책을 선택하는 것도 시간과 노력에 대한 절약이다. 책의 중간쯤만 읽는다고 누가 뭐라 하겠는가? 책을 읽고 드는 생각과 감정은 온전히 독자의 것이다. 그렇게 자신만의 감상을 가질 때, 그 책을 진정한 '나만의 책'으로 만들 수 있다.

사람은 누구든지 자기 삶을 자기 방식대로 살아가는 것이 바람직하다. 그 방식이 최선이어서가 아니라, 자기 방식대로 사는 길이기 때문에 바람직하다. 책을 읽다가 당장 이해가 가지 않더라도 책장을 넘기는 것을 멈추고 의문을 가져보자. 그 상황은 기억에 남게 된다. 그리고 시간이 흘렀을 때, 그 구절 속 인물의 감정과 대사가 '번뜩!'하고 마음 깊이 이해되는 순간이 찾아오게 된다. '오랜 시간에 걸쳐 작가의 오래된 울림의 목소리가 독자에게 전달되는 것'이라고 말하고 싶다. 작가의 목소리가 오랜 시간에 걸쳐 독자에게 전달될 때의 기쁨과 감격은 느껴보지 못한 이들은 모를 것이다.

독서를 하는 방법에는 정답이 없다. 책에 따라, 상황에 따라, 성향에 따라 자신에게 맞는 방법을 선택하자. 옳고 그름은 없다. 다만 자신에게 맞는 독서법과 자신에게 맞는 책을 찾아야 하고, 독서량에만 집중하지 말자는 것이다. 내가 아는 작가는 아주 많은 양의 책을 읽는다. 어떻게 읽어 낼 수 있을까? 의문이 들 정도의 분량이지만, 성실하게 읽어 내는 것을 볼 때 감탄한다. 반면, 책을 거의 읽지 않는 작가들도 더러 있다. 물론 작가들에게 다독과 빈독의 옳고 그름을 말하려고 하는 건 아니다. 다만 독서량에 집중하지 말고 독서법, 내게 맞는 흥미로운 책을 찾는 것이 중요하다고 강조하고 싶다.

　제대로 된 독서를 하고자 한다면, 책에 관한 관심뿐만 아니라 책을 읽는 것에도 기술이 필요하다. 책을 정하고, 분량을 정하고, 거기에 맞는 시간대도 마련해 본다면 더 나은 독서를 즐길 수 있다. 어딘가에 책을 통해 갈 수 있으며, 중요한 것은 결국 우리가 책을 읽고 새로운 아이디어가 떠오르며 해답을 찾기도 한다는 것이다. 책을 읽고, 글을 써보고, 내가 소소하게 실행하다 보면 우리의 삶도 더 나아질 거라 생각한다.

　책의 글이 머릿속에 들어오지 않는 날은 필사를 추천한다. 읽으면서 표시해 둔 부분을 따로 필사하면 읽었을 때와 다른 시각으로 글을 접하게 된다. 그렇게 책을 읽고 필사하면 저자가 하는 말이나 생각에 동의하는 부분도 있고, 감동하는 부분도 있다. '나는 다르게 생각하는데'라고 생각되는 부분은 인덱스와 스티키 메모지를 이용해서 붙여 놓는다. 또 한 번 그 책을 읽으면 다른 생각이 들 때도 있다. '생각의 간사함'이나 '유연함'이 아니라, '짧은 식견의 무모한 판단'이었다는 생각이 들면서, 오만한 내 생각을 부끄럽게 여긴다. 그러나 독서 역시 열정만으로는 힘들다. 일하면서, 아이를 키우면서 독서를 매일 한다는 것은 열정이 환경을 뛰어넘어야만 독서를 어느 정도로 성공적으로 할 수 있다.

끝으로, 요즘은 사람들이 즐거움에 중독(집착)되는 경향이 심하다. 주위의 이런 위화감들을 내 안에서 정화하는 수밖에 없다. 다시 말해서 굉장히 즐겁지 않으면 즐겁다고 할 수 없고, '큰 소리를 내면서 와글와글한 상태가 계속되면 더욱 좋다는 분위기'가 요즘에 공통된 정화 사항이라고 생각한다. 대단한 일이 아니어도 즐겁다는 것은 어쩌면 오히려 '고요하고 차분한 상태'라는 걸 다방면으로 전할 수 있으면 좋겠다. '독서를 통해 또 다른 즐거움에 중독되어 보라!' 권하고 싶다.

디지털 활용 독서

현대 사회는 빠른 속도로 디지털화되고 있으며, 독서의 형태도 이에 맞춰 변화하고 있다. 전자책과 오디오북은 이러한 변화의 중요한 부분을 차지한다. 이 글에서는 전자책과 오디오북을 활용한 독서 방법과 그 활용법에 대해 자세히 설명하고자 한다.

먼저 전자책의 장점과 활용법에 알아보자. 전자책은 휴대성이 뛰어나며, 언제 어디서나 읽을 수 있는 장점이 있다. 스마트폰, 태블릿, 전자책 전용 리더기 등 다양한 기기를 통해 접근할 수 있다. 특히, 출퇴근 시간이나 여행 중에도 쉽게 독서를 할 수 있어, 바쁜 현대인에게 적합하다.

전자책은 종이책과 달리 하이라이트, 북마크, 메모 등의 기능을 제공한다. 이러한 기능을 활용하면 중요한 내용을 쉽게 정리할 수 있고, 필요할 때 빠르게 찾아볼 수 있다. 또한, 검색 기능을 통해 특정 단어나 구절을 쉽게 찾을 수 있어 학습에도 유용하다.
또 전자책은 종이책에 비해 저렴한 경우가 많다. 또한, 무료로 제공되는 전자책도 많아 경제적인 부담을 줄일 수 있다. 도서관에서 전자책을 대여할 수도 있어, 다양한 책을 경제적으로 읽을 수 있다. 마지막으로 종이책은 종이를 사용하기 때문에 환경에 영향을 줄 수 있다. 반면, 전자책은 이러한 문제가 없으며, 환경 보호 측면에서도 긍정적이다.

두 번째로는 오디오북의 장점과 활용법이다.

오디오북은 눈으로 읽지 않고 귀로 들을 수 있어, 멀티태스킹이 가능하다. 출퇴근 시간, 운동 시간, 집안일을 할 때 등 다양한 상황에서 독서를 할 수 있다. 이는 시간을 효율적으로 활용할 수 있게 해준다. 오디오북은 전문 성우나 저자가 직접 읽어주는 경우가 많아, 발음과 억양을 자연스럽게 학습할 수 있다. 이는 특히 외국어 학습에 큰 도움이 된다. 원어민의 발음을 들으며 듣기 실력을 향상시킬 수 있다.

또한, 오디오북을 들으면 귀로만 정보를 받아들이기 때문에 집중력이 향상될 수 있다. 특히, 시각적 자극이 많은 현대 사회에서 청각을 통한 독서는 새로운 경험을 제공한다.

그리고 오디오북은 소설, 에세이, 자기계발서 등 다양한 장르의 콘텐츠를 제공한다. 또한, 팟캐스트와 같은 형식으로 다양한 주제에 대해 깊이 있는 내용을 들을 수 있어, 학습에도 유용하다.

전자책과 오디오북의 효과적인 활용법에 대해서 정리해 보자.
먼저, 전자책과 오디오북을 활용해 독서 계획을 세우는 것이 중요하다. 매일 일정 시간을 독서 시간으로 정하고, 전자책과 오디오북을 번갈아 가며 활용해 보자. 예를 들어, 출퇴근 시간에는 오디오북을 듣고, 집에서는 전자책을 읽는 식으로 계획을 세울 수 있다. 그리고 전자책과 오디오북을 읽으면서 중요한 내용을 메모하거나 하이라이트하는 습관을 들이자. 이를 통해 나중에 다시 볼 때 큰 도움이 된다. 또한, 독서 기록을 관리해 자신이 읽은 책과 배운 내용을 정리해 보자.

전자책과 오디오북을 제공하는 다양한 앱을 활용하면 더욱 편리하게 독서를 할 수 있다. 예를 들어 킨들(Kindle), 리디북스(Ridibooks), 오더블(Audible) 등의 앱을 사용해 보자. 각 앱은 고유의 기능과 장점을 제공하므로, 자신의 독서 스타일에 맞는 앱을 선택하는 것이 중요하다.

전자책과 오디오북을 활용한 독서 모임에 참여해 보자. 다양한 사람들과 책에 관해 토론하고, 서로의 생각을 공유하면서 새로운 관점을 얻을 수 있다. 이는 독서의 즐거움을 배가시키고, 지속적인 독서 습관을 유지하는 데 도움이 된다.

전자책과 오디오북은 현대인의 바쁜 일상에서도 독서를 지속할 수 있게 해주는 유용한 도구이다. 위의 방법들을 참고해 전자책과 오디오북을 효과적으로 활용해 보자. 이를 통해 더 많은 책을 읽고, 풍부한 지식과 지혜를 쌓을 수 있을 것이다.

책 읽기 좋은 조건
가을!

 가을은 종종 독서의 계절로 불린다. 이는 단순한 문화적 관념이 아니라 심리적, 생리적 요인들이 이 시기에 독서에 대한 욕구를 증대시키는 데 기여한다. 먼저, 날씨의 변화가 있다. 여름의 무더위가 가시고, 선선한 바람과 함께 쌀쌀한 날씨가 찾아오는 가을은 실내에서 활동하기에 이상적인 환경을 제공한다. 연구에 따르면, 기온이 적절하게 낮아지면 사람들은 더 집중할 수 있는 경향이 있어, 이는 독서와 같은 집중력이 필요한 활동에 긍정적인 영향을 미친다.

 단풍이 드는 가을의 풍경은 시각적으로 매력적이며, 이러한 자연의 아름다움은 사람들에게 감정적 안정감을 제공한다. 감정적으로 안정된 상태는 독서에 대한 몰입을 증가시키는 데 도움을 준다. 심리학 연구에 따르면, 자연과의 접촉이 스트레스를 감소시키고, 창의력과 집중력을 향상시킨다는 결과가 있다.

가을의 기후는 우리의 일상생활에 많은 영향을 미치며, 독서 활동에도 중요한 역할을 한다. 기온은 독서에 대한 집중력에 큰 영향을 주는데, 일반적으로 온도가 너무 높거나 낮으면 사람들은 불편함을 느끼고 집중하기 어려워진다. 연구에 따르면, 적정 온도 범위에서 사람들은 더 높은 집중력을 발휘하며, 이에 따라 독서와 같은 집중력이 요구되는 활동에 몰입할 수 있다. 특히, 가을과 겨울의 쌀쌀한 날씨는 실내에서 책을 읽기에 적합한 환경을 제공한다.

또, 가을의 강우량과 날씨의 변화도 독서와 밀접한 관련이 있다. 비 오는 날이나 흐린 날씨는 사람들에게 실내 활동을 선호하게 만들고, 이는 독서 시간을 늘리는 원인이 된다. 많은 사람은 비 오는 날에 따뜻한 차 한 잔과 함께 책을 읽는 것을 즐기며, 이러한 경험은 독서의 즐거움을 배가시킨다. 계절 변화에 따른 자연의 모습도 독서에 긍정적인 영향을 미치는데, 봄과 가을의 아름다운 풍경은 사람들에게 감정적 안정감을 주어 독서에 대한 몰입을 높이는 데 도움을 준다.

그러므로 가을의 기후는 개인의 심리에 영향을 미쳐 독서 습관에도 변화를 가져온다. 결론적으로 가을의 기온, 강수량, 계절 변화 등 다양한 기후 요인은 우리의 독서 습관과 몰입도에 영향을 주어 독서의 즐거움과 지식의 탐구를 더욱 풍부하게 만들어준다. 따라서 기후의 변화에 따라 독서 환경을 조정하고 최적의 독서 경험을 추구하는 것이 중요하다.

또, 가을은 전통적으로 학업의 시작을 알리는 시기이기도 하다. 학교와 학원의 개강은 학습과 지식에 관한 관심을 불러일으키며, 이 시기에 독서를 통해 지식을 쌓고자 하는 욕구가 커지는 것은 자연스러운 현상이다. 또한, 책과 함께하는 시간은 자기 계발의 하나로 여겨져 개인의 성장을 도모하는 중요한 요소로 작용한다.

학업과 독서는 밀접한 관계를 맺고 있으며, 서로에게 긍정적인 영향을 미친다. 독서는 단순한 정보 습득을 넘어 학습 능력을 향상하고 사고의 깊이를 더하는 데 중요한 역할을 한다. 독서는 언어 능력과 비판적 사고를 발전시키는 데 이바지하는데, 다양한 주제와 스타일의 책을 읽음으로써 학생들은 어휘력을 확장하고 문장 구조를 이해하게 된다. 이러한 언어 능력은 학업 수행에 직접적인 영향을 미쳐 과제나 시험에서 더 나은 결과를 도출하는 데 도움을 준다. 또한 독서는 비판적 사고 능력을 향상해 학생들이 다양한 관점을 이해하고 논리적으로 사고하는 데 이바지한다.

독서는 지식의 폭을 넓히고 호기심을 자극하는 데에도 중요한 역할을 한다. 학업에서 다루는 과목과 관련된 책을 읽는 것은 학생들이 교과서에서 배운 내용을 심화시키고, 더 나아가 새로운 주제에 대한 흥미를 느끼게 한다. 이러한 탐구 정신은 학업에 대한 동기를 부여하며 학생들이 스스로 학습하는 능력을 키우는 데 중요한 역할을 한다. 또한, 독서는 스트레스를 감소시키는 효과가 있다. 학업의 압박감은 종종 학생들에게 스트레스를 유발하는데, 독서는 이러한 스트레스를 완화하는 데 도움을 준다. 좋아하는 책을 읽는 것은 심리적 안정감을 주고 학업에 대한 부담을 잊게 만들어 집중력을 회복할 수 있는 기회를 제공한다.

독서는 자기 계발과 목표 설정에 긍정적인 영향을 미치기도 한다. 독서를 통해 다양한 인물의 경험과 지혜를 접하게 되면 학생들은 자신의 목표를 재정립하고, 성공적인 삶을 위한 비전을 구축할 수 있다. 이러한 과정은 학업에 대한 책임감과 목표 의식을 강화하는 데 이바지한다. 결론적으로 학업과 독서는 서로에게 긍정적인 영향을 미치며, 독서는 학생들이 학습 능력을 향상하고 지식을 넓히며 심리적 안정감을 제공하는 중요한 요소로 작용한다. 따라서 학생들은 독서를 통해 학업 성취를 높이고 더 나은 미래를 준비할 수 있는 기회를 얻을 수 있다.

결론적으로, 가을은 독서에 최적화된 환경을 제공하는 계절이다.

날씨, 자연, 학습의 시작, 그리고 성찰의 시간은 모두 독서에 대한 욕구를 자극한다. 따라서 이 시기를 활용하여 독서의 즐거움과 지식의 가치를 새롭게 발견해야 할 것이다.

형광펜과 형광펜을 활용한 독서 기록법

　현대 사회에서 정보의 양은 날로 증가하고 있으며, 우리는 매일 수많은 텍스트와 마주하고 있다. 이러한 정보의 홍수 속에서 중요한 내용을 빠르게 파악하고 기억하는 것은 매우 중요하다. 이때 유용하게 사용되는 도구가 바로 형광펜이다.

　형광펜은 주로 문서나 책의 중요한 부분을 강조하기 위해 사용되는 문구 도구로, 일반적으로 형광색 잉크가 포함되어 있어 눈에 잘 띄는 특징을 가지고 있다. 형광펜은 다양한 색상으로 제공되며 노란색, 핑크색, 녹색, 파란색 등 여러 가지 색상이 있어 사용자의 취향에 맞게 선택할 수 있다. 이러한 색상들은 텍스트의 특정 부분을 강조하여 독자가 쉽게 인식할 수 있도록 돕는다.

형광펜의 주요 기능은 단순히 색을 입히는 것이 아니다. 중요한 정보를 시각적으로 강조함으로써 독서, 학습, 업무 등 다양한 상황에서 효율성을 높여준다. 예를 들어, 학생들은 형광펜을 사용하여 교과서의 핵심 내용을 강조하고, 직장인들은 보고서나 프레젠테이션 자료에서 중요한 포인트를 쉽게 찾아볼 수 있다.

또한, 여러 다른 이름으로 불리기도 한다. '형광 마커'는 형광펜과 유사한 기능을 가진 마커를 의미하며, 주로 더 두꺼운 선을 그릴 수 있는 도구를 지칭한다. '하이라이터'는 영어 'highlighter'에서 유래된 용어로, 형광펜과 같은 의미로 사용되며, 특히 영어권에서 많이 사용된다. 마지막으로 '강조펜'이라는 이름은 강조하는 기능에 중점을 둔 것으로, 형광펜의 본질적인 역할을 잘 나타낸다.

결론적으로, 형광펜은 독서, 학습, 업무등 다양한 분야에서 널리 사용되는 필수 도구다. 정보의 중요성을 시각적으로 강조하는 데 매우 유용하며, 이를 통해 우리는 더 효과적으로 정보를 처리하고 내용을 쉽게 기억할 수 있도록 돕는다. 이런 특징들로 인하여 독서 후 기록을 정리하는 데 유용하며, 다양한 색상의 형광펜을 활용하여 시각적으로 매력적인 기록을 만든다.

형광펜을 이용해서 다양하게 기록해 보자.

첫 독서 시 연한 노란색 형광펜으로 중요한 문장에 밑줄을 긋는 것이 좋다. 중요도에 따라 두꺼운 면과 얇은 면을 활용하여 강조할 수 있다. 다양한 색상의 형광펜을 사용하여 강조하고 싶은 부분이나 더 알아보고 싶은 내용을 구분하면, 기록이 더욱 재미있고 기억에 남는다.

책을 챕터별로 나누어 읽고, 읽은 챕터를 형광펜으로 표시하는 것도 효과적이다. 각 챕터를 읽을 때마다 원형 스티커를 붙여 진행 상황을 시각적으로 확인할 수 있다. 책을 완독한 후에는 각 페이지에 짧은 한 줄의 감상평을 남기는 것이 좋다. 이는 나중에 다시 책을 읽을 때 유용한 참고자료가 된다.

독서노트를 작성한 후, 형광펜으로 색을 입혀 시각적으로 매력적인 노트를 만드는 것도 중요하다. 자주 노트를 들여다보며 복습하는 것이 기억을 강화하는 데 도움이 된다. 독서 후 작성한 노트를 자주 확인하여 기억을 강화하고, 필요한 경우 추가적인 메모를 남기는 것도 좋은 방법이다.

형광펜을 활용한 독서기록법은 독서의 질을 높이고, 중요한 내용을 쉽게 기억할 수 있도록 돕는다. 이 방법을 통해 독서의 즐거움을 느끼고, 더 나아가 독서 습관을 개선할 수 있다. 독서를 통해 얻은 지식을 잘 기록하고 활용하는 것이 중요하다.

　또한 형광펜을 활용한 독서기록법은 독서의 효율성을 높이는 데 큰 도움이 된다. 형광펜으로 중요한 내용을 강조하면서 동시에 기록을 할 때, 표시된 형광펜을 보며 중심 글을 잡고 기록할 수 있다는 점이 특히 유용하다.
　독서를 진행하면서 중요한 문장이나 키워드를 형광펜으로 표시하면, 나중에 그 내용을 다시 확인할 때 시각적으로 쉽게 인식할 수 있다. 이렇게 강조된 부분을 바탕으로 기록을 작성하면, 핵심 내용을 놓치지 않고 정리할 수 있다. 예를 들어, 특정 문장을 형광펜으로 강조한 후, 그 문장을 중심으로 자신의 생각이나 감상을 덧붙이면 더욱 깊이 있는 기록이 된다.
　또한, 형광펜의 다양한 색상을 활용하여 강조의 정도를 달리하면, 각기 다른 주제나 중요도를 시각적으로 구분할 수 있다. 이렇게 하면 기록할 때 어떤 내용이 더 중요한지 쉽게 판단할 수 있어, 보다 체계적이고 효과적인 기록이 가능하다.
　형광펜을 활용한 이 방법은 독서 후 복습할 때도 큰 장점이 된다. 강조된 부분을 통해 핵심 내용을 빠르게 파악하고, 그에 대한 자신의 생각을 정리하는 데 도움을 준다. 따라서 형광펜을 사용하여 독서 기록을 할 때, 중심 글을 잡고 기록하는 과정은 독서의 질을 높이고, 기억을 강화하는 데 매우 효과적이다.

기적의 노트 공부법

당신은 '자신의 노트'를 가지고 있는가?

'자신의 노트를 항상 가지고 다니며 본 것, 느낀 것, 체험한 것을 무엇이든지 노트에 적으며 '인생의 노트'로써 보관하고 있는가?

오늘부터라도 '당신의 노트'를 가지고 다닐 것을 적극적으로 권한다. 그것이 당신의 인생을 변화시키는 첫걸음이다. 지금부터 어른들을 위한 혹은 직장인을 위한 효과적인 노트법을 소개하고자 한다.

노트는 단순한 기록을 넘어, 생각을 정리하고 아이디어를 발전시키는 데 큰 역할을 한다. 먼저, 주제를 명확히 설정하는 것이 중요하다. 노트 기록을 시작하기 전에 어떤 내용을 다룰지 정리하면, 더 집중할 수 있다. 키워드를 활용하는 방법도 효과적이다. 긴 문장보다는 핵심 단어를 중심으로 기록하면, 나중에 다시 읽을 때 이해하기 쉽고 기억에 남는다.

시각적 요소를 추가하는 것도 좋은 방법이다. 도표나 그림을 활용하면 정보가 더 잘 정리되고, 기억에 오래 남는다. 정기적으로 노트를 복습하는 습관을 들이는 것도 필요하다. 이렇게 함으로써 독서에서 얻은 지식을 더욱 깊이 있게 내 것으로 만들 수 있다.

이러한 노트법은 어른들이 독서를 통해 얻은 지혜를 일상생활에 적용하는 데 큰 도움이 된다. 독서는 단순한 취미가 아니라, 삶을 풍요롭게 하는 중요한 수단임을 잊지 말아야 한다.

필자는 노트에 관심이 많아서, 누구를 만나든지 그 사람의 수첩이나 노트에 시선이 끌린다. 노트의 기록 방식이나 보관 방법에 물어보게 된다. 글을 쓰거나, 저널리스트 같은 직업에 종사하는 사람에게는 짧고 간결한 메모가 회의록과 같은 역할을 할 때가 있다. 특히, 이해당사자들의 '말했다', '안 했다'라는 논쟁으로 가게 되면 노트든, 메모든 보관해 둘 만한 이유가 있는 것이다. 비즈니스에서 메모나 기록은 생명이다. 회의록은 자기가 작성하는 것이 유리하다. 회의나 전달받은 지시 사항은 회의 그날에 완성하는 것이 정확성과 현장감을 주는 비결이다. 보고서를 작성할 때, 디지털카메라로 찍은 사진을 첨부하면 더욱 현장감 있는 기록이 된다. 특히, 해외에서는 상대방의 얼굴과 이름을 제대로 기억하기 어렵다. 항상 디지털카메라를 가지고 다니며, 상대방의 얼굴을 촬영한다. 자칫 예의 없는 사람으로 비칠 수 있으니, "제가 잘 잊어버리는 성격이라서"라든가, "중요하기 때문에"라는 식으로 양해를 구해야 한다. 업무의 면담 상대에게도 그날 중에 디지털카메라로 찍은 사진을 이메일에 첨부하여 보낼 수 있다. 개인의 기록도 마찬가지다. 디지털카메라나 핸드폰 카메라로 촬영을 해 두어, 노트에 붙여 기록해 놓는다면, 글쓰기가 어려운 초보 기록자에게는 좋은 방법이 되기도 한다.

처음 기록에 도전하는 사람이거나 갓 입사한 신입사원은 대부분 반듯한 문장을 쓰지 못한다. 노트에 하루도 빠짐없이 업무일지를 쓰면 문장 훈련도 된다. 이 기간에 철저한 훈련을 하느냐 마느냐가, 신입사원의 평생을 좌우한다. 자꾸 쓰다 보면 문장이 세련되어지고, 자신감도 생긴다. 부내, 과내, 그룹 내 신입사원을 위한 훈련의 하나로 우선 보고서를 많이 쓰게 하라. 신입사원의 시기를 놓치게 되면, 교육이나 교정이 어려워진다. 사전을 보는 습관을 지닌다면 오자를 쓰는 실수를 막을 수 있다. 만약 학생이라고 한다면, 매일 수업한 내용으로 학습일지를 써 보는 것도 상당한 훈련 효과가 있다.

당신도 무언가 새로운 일을 시작하고 있다면, 우선 노트를 마련하라!

나의 경우, 먼저 노트에 쓰는 버릇은 컴퓨터를 자유롭게 사용할 수 있게 된 지금도 여전하다. 칼럼 주제가 떠오른다던가, 회사의 업무에 아이디어가 떠오른다면, 우선 노트에 적어둔다. 그 발생의 여백으로 3줄에서 4줄 정도 남겨둔다. 오른쪽 끝은 여백이다. 이 여백이 중요한데, 떠오르는 대로 단어라도 좋고 문장이라도 좋으니 적어간다. 단, 쓴다고 해도 그 시기는 때에 따라 다르다. 발상의 내용을 쓴 그 날에 쓰는 일도 있지만, 다음 달에 아이디어가 떠오를 때가 있고, 3주가 지나서 갑자기 생각이 떠올라 적게 될 때도 있다. 그야말로 생각이 날 때마다 적어가는 것이다.

이 '여유 공간 메모 방식'이 가능하다는 것이 노트의 특징이다. 노트에는 그야말로 여러 사람이 글을 모아 쓴 것처럼, 차츰 발상의 기록이 쌓인다. 그래서 나는 '여유 공간 메모 방식'을 별칭 '추가 기록 여백 방식'이라고도 부르고 있다.

물론 작은 수첩에 발상을 기록하는 것도 가능하겠지만, 노트에 비해 지면의 여유가 없다. 최근의 PDA에는 이 '여유 공간 메모 방식'에 가까운 기재 방법이 가능해진 것도 있다. 나의 경우, 이 '여유 공간 메모 방식' 덕분에 발상이 몇 주에 걸쳐서 쏟아져 나온다. 걷잡을 수 없이 내리는 비처럼 수많은 발상이 쏟아질 때도 있고, 남은 찌꺼기로부터 억지로 발상을 짜낼 때도 있다. 여유 공간 메모 방식은 발상의 샘

물과 같은 것이다. 정리하자면, 항상 노트를 가지고 다니는 습관을 몸에 익히자. 노트북과 함께 가지고 다니고, 무엇이든지 떠오르는 것이 있을 때마다 노트에 적어두자. 새로운 일을 시작할 때는 우선 노트에 적어보자. 노트는 날짜와 페이지 번호를 써서 영구 보관하고, 몇 줄의 여백을 채워나가는 '여유 공간 메모 방식'은 발상을 키워나가기에 매우 유용하다.

내 주변에는 노트북, 디지털카메라, 기타 전자기기가 여전히 넘쳐간다. 최첨단의 기기들이지만 고장이 났기 때문인지, 기술의 발전이 빨라서인지, 몇 년도 채 가지 않는다. 컴퓨터 데이터나 디지털카메라의 사진 데이터는 되도록 백업을 받아 보관하고 있지만, 전자 데이터는 불안전하다. 노트북은 실수로 떨어뜨리거나, 사용하고 있는 도중에 부서지거나, HDD가 폭주해 버리면 기록이 전부 날아가 버린다. 보존에 관해서는 여전히 노트가 안전하다. 불이 나지 않는 한 노트는 남는다. 하이테크 기기와 로테크의 산물인 노트의 조합은 절묘하다. 내 주위를 거쳐 간 전자기기는 지금 생각하면 어디까지나 노트의 주변기기였다. 노트가 항상 중심에 있었기 때문에, 때로는 첨단기기의 사용이 가능한 것이라고 확신하고 있다.

노트의 기록은 개인의 성장을 유도하는 중요한 도구다. 이를 통해 우리는 자기 생각과 감정을 정리하고, 목표를 설정하며, 성찰의 기회를 가질 수 있다.

"성공은 마법도 아니고 신비한 것도 아니다. 성공은 기본 원칙을 일관되게 적용하면 자연스럽게 따라오는 결과다."라는 짐 론의 말처럼, 노트는 단순한 기록이 아닌, 꿈과 목표를 향한 여정의 지도다. 자기 생각을 기록하는 것은 자신을 이해하는 첫걸음이다. 노트는 개인의 성장 이야기를 담고 있는 소중한 공간이다. 매일의 기록은 작은 변화의 시작이며, 그 변화가 쌓여 큰 성장을 이룬다. 노트는 단순한 종이가 아닌, 당신의 성장과 변화를 기록하는 소중한 도구임을 잊지 말아야 한다. 노트를 통해 자기 생각을 정리하고, 목표를 향해 나아가는 여정을 지속해 나가길 바란다.

독서도 장비빨

"독서는 힘이다."

독서는 오랫동안 지식과 정보의 원천으로 여겨져 왔다. "독서는 힘이다."라는 말은 우리가 독서를 통해 사고력을 키우고, 다양한 경험을 쌓으며, 세상을 이해하는 데 도움을 준다는 의미를 담고 있다. 하지만 현대 사회에서 독서를 더욱 효과적으로 하기 위해서는 적절한 장비와 환경이 필수적이라는 점을 간과해서는 안 된다. 따라서 "독서도 장비빨"이라는 주제를 통해 독서의 질을 높이는 방법을 탐구해 보려 한다.

오늘날 독서를 위한 장비는 다양하다. 종이책, 전자책 리더기, 스마트폰, 태블릿 등 여러 형태의 장비가 존재하며, 각각의 장비는 독서 경험에 큰 영향을 미친다. 예를 들어, 전자책 리더기는 가벼워서 이동 중에도 쉽게 읽을 수 있으며, 수천 권의 책을 저장할 수 있는 장점이 있다. 반면, 종이책은 그 자체의 물리적인 감촉과 향기가 독서의 즐거움을 더해준다. 이처럼 독서 장비는 개인의 취향과 독서 스타일에 따라 선택되어야 하며, 올바른 장비를 선택함으로써 독서의 효율성을 극대화할 수 있다.

또한, 독서의 질은 독서 환경에도 크게 좌우된다. 예를 들어, 어두운 곳에서는 책을 읽기 힘들고, 시끄러운 환경에서는 집중하기 어렵다. 따라서 독서에 적합한 환경을 조성하는 것이 중요하다. 조명, 소음, 편안한 의자 등 물리적인 환경이 독서 집중도에 영향을 미친다. 자신에게 맞는 독서 환경을 조성하기 위해서는 여러 요소를 고려해야 한다. 첫째, 조명이 중요한데, 충분한 조명은 독서의 집중도를 높여준다. 어두운 곳에서 책을 읽으면 눈의 피로가 증가하고 집중력이 떨어질 수 있다. 따라서 자연광이 들어오는 공간이나, 눈에 부담을 주지 않는 조명을 선택하는 것이 좋다. 둘째, 소음도 중요한 요소이다. 조용한 환경은 독서에 집중할 수 있는 기본적인 조건이며, 소음이 많은 장소에서는 외부 자극이 집중력을 방해하므로, 자신이 편안하게 느낄 수 있는 조용한 공간을 찾는 것이 중요하다. 개인의 성향에 따라 음악을 듣거나 백색 소음을 활용하는 것도 한 방법이 될 수 있다. 셋째, 편안한 자리 역시 독서에 큰 영향을 미친다. 독서를 할 때의 자세는 집중력에 영향을 미치므로, 편안한 의자나 소파, 혹은 책상에서 바른 자세로 앉는 것이 좋다. 너무 편안한 자리에서 독서를 하면 졸음이 올 수 있으므로, 적절한 긴장감을 유지할 수 있는 환경을 선택해야 한다. 물론 각 개인의 취향과 독서 스타일에 따라 최적의 환경은 다를 수 있다. 어떤 사람은 조용한 도서관에서 독서를 선호하는 반면, 또 어떤 사람은 카페의 소음 속에서 더 잘 집중할 수 있다. 따라서 자신이 가장 편안하게 느끼는 환경을 찾아야 하며, 이를 통해 독서의 질이 향상될 것이다. 또한, 독서의 목적에 따라 환경을 달리할 필요도 있다. 예를 들어, 깊이 있는 독서를 원할 때는 조용하고 집중할 수 있는 공간이 필요하지만, 가벼운 독서나 소설을 읽을 때는 좀 더 자유로운 환경이 오히려 도움이 될 수 있다. 이처럼 독서의 목적에 맞는 환경을 조성하는 것이 중요하다.

더 나아가 디지털 환경의 영향도 간과할 수 없다. 인터넷과 소셜미디어의 발달로 인해 우리는 쉽게 정보를 검색하고 공유할 수 있지만, 동시에 많은 방해 요소에 직면하기도 한다. 이런 환경에서 어떻게 집중력을 유지하고 독서의 깊이를 더할 것인지에 대한 고민이 필요하다.

최근에는 인공지능 기술이나 독서 앱들이 발전하면서 독서 경험을 더욱 풍부하게 하고 있다. 예를 들어, 특정 주제에 대한 추천 도서 리스트를 제공하거나, 독서 중에 이해가 어려운 부분을 설명해 주는 기능들이 있다. 이러한 기술들은 독서의 질을 높여주며, 독자가 더 깊이 있는 이해를 할 수 있도록 도와준다.

결국, 독서는 단순히 책을 읽는 행위가 아니다. 적절한 장비와 환경을 갖추고, 기술을 활용함으로써 우리는 독서의 힘을 더욱 극대화할 수 있다. "독서도 장비빨"이라는 말은 독서의 질을 높이기 위한 필수 조건임을 명심해야 하며, 독서를 통해 얻는 지식과 힘은 우리가 선택한 장비와 환경에 의해 더욱 강화될 수 있다. 따라서 독서를 사랑하는 모든 이들이 올바른 장비와 환경을 갖추고, 그 힘을 최대한으로 발휘할 수 있기를 바란다.

현대 기술은 독서 환경을 더욱 풍부하게 만들어준다. 예를 들어, 전자책 리더기를 사용하면 언제 어디서나 편리하게 독서를 할 수 있고, 다양한 기능을 통해 독서 경험을 향상할 수 있다. 또한, 독서 앱이나 웹사이트를 활용하면 원하는 책을 쉽게 찾고, 독서 기록을 남기는 것도 가능하다. 이러한 기술을 적절히 활용함으로써 독서 환경을 개인화할 수 있다.

자신에게 맞는 독서 환경에서 독서를 하는 것은 독서 습관을 형성하는 데도 큰 도움이 된다. 일정한 시간과 장소에서 독서를 반복함으로써 자연스럽게 독서가 일상의 일부가 되고, 이는 독서에 대한 흥미와 집중력을 높여준다. 이러한 습관이 형성되면, 독서는 더 이상 의무가 아닌, 즐거운 활동으로 자리 잡게 된다.

결국, 자신에게 맞는 독서 환경에서 독서를 하는 것은 독서 생활을 성공적으로 이어가는 데 필수적이다. 조명, 소음, 자세와 같은 물리적인 요소뿐만 아니라, 개인의 취향과 독서 스타일에 맞는 환경을 조성함으로써 우리는 더욱 효과적으로 독서의 힘을 경험할 수 있다. 또한, 기술의 발전을 활용하여 독서 환경을 개인화하고, 독서 습관을 형성함으로써 독서가 우리의 삶에 긍정적인 영향을 미치도록 할 수 있다. 따라서 독서를 사랑하는 모든 이들이 자신에게 맞는 독서 환경을 찾아, 그 속에서 독서의 즐거움을 만끽할 수 있기를 바란다.

독서는 힘이다
포스트잇을 활용한 독서 기록의 효과

    독서의 힘은 우리 삶에 지대한 영향을 미친다. 지식의 축적은 물론, 사고의 깊이를 더하고 감성을 풍부하게 만들어준다. 하지만 많은 사람이 독서를 지속하는 데 어려움을 겪는다. 이를 해결하기 위해 독서를 자신의 루틴으로 만드는 노력이 필요하다. 그중 하나로 독서 기록을 들 수가 있다. 그래서 독서 기록을 좀 더 쉽게 할 수 있는 포스트잇 사용법에 관해 얘기해 보고자 한다. 포스트잇은 독서 중 떠오르는 아이디어나 감상을 즉시 기록할 수 있는 간편한 도구다. 책을 읽다가 느끼는 순간적인 깨달음이나 인상 깊은 구절을 포스트잇에 적어두면, 나중에 다시 돌아봤을 때 그 감정을 생생하게 떠올릴 수 있다. 이는 독서의 깊이를 더해주는 중요한 요소가 된다.

자신의 독서 과정을 기록하는 것은 독서 루틴을 강화하는 데 큰 도움이 된다. 읽은 책의 제목과 간단한 감상, 배운 점 등을 노트에 적어 보면 좋다. 이를 통해 자신의 성장 과정을 돌아볼 수 있고, 다음 독서에 대한 동기부여도 가능해진다. 독서 기록은 나만의 작은 독서 일기를 만드는 기회가 될 것이다. 하지만 노트에 적는다는 것이 다소 부담스러울 수 있다. 그럴 때 간편하게 주위에 하나쯤 있는 포스트잇을 사용해 보자.

포스트잇은 짧고 간결하게 작성하는 것이 중요하다. 작은 크기로 인해 공간이 제한적이기 때문에 핵심 내용만 간단하게 적으면 좋다. 한 문장이나 키워드로 요점을 정리하면, 나중에 다시 보았을 때도 빠르게 기억할 수 있다. 읽고 있는 책이나 노트의 해당 페이지에 포스트잇을 붙여두면 중요한 내용이나 인사이트를 쉽게 찾아볼 수 있다. 이렇게 하면 독서 후에도 기억을 되살리기 쉽다.

특히나 포스트잇의 다양한 색상과 크기는 시각적인 즐거움을 더해준다. 독서 주제나 감정에 따라 색상을 다르게 사용하면, 나만의 독서 노트를 더욱 체계적으로 구성할 수 있다. 예를 들어, 중요한 인용구는 노란색, 개인적인 감상은 초록색으로 구분해 붙이면 한눈에 보기 쉽고, 나중에 다시 읽을 때 유용하다.

포스트잇을 사용해 독서를 기록하는 것은 여러 가지 장점이 있다. 우선, 간편함이 큰 매력이다. 포스트잇은 작고 가벼워 언제 어디서나 쉽게 사용할 수 있다. 읽으면서 떠오르는 아이디어나 감상을 즉시 적어둘 수 있어, 기억을 놓치지 않도록 도와준다. 또한, 시각적인 효과가 뛰어난데, 다양한 색상의 포스트잇을 활용하면 각각의 주제나 감정에 따라 구분해서 기록할 수 있다. 이렇게 하면 한눈에 보기 쉬워 나중에 다시 읽을 때도 유용하다.

또, 포스트잇은 공간 활용의 유연성을 제공한다. 벽이나 책상에 붙여두면, 시각적으로 자주 접하게 되어 독서 내용을 지속해서 상기시킬 수 있다. 이처럼 자주 보는 것은 기억력 강화에 큰 도움이 된다. 필요할 때마다 붙였다 떼어낼 수 있는 특성 덕분에, 독서 내용을 자유롭게 수정하거나 재배치할 수 있는 점도 매력적이다.

마지막으로, 창의성을 자극하는 효과도 있다. 포스트잇에 자유롭게 생각을 적다 보면, 자연스럽게 새로운 아이디어가 떠오르고, 더 깊이 있는 사고를 할 수 있게 된다. 이렇게 포스트잇은 독서 기록을 더 즐겁고 효과적으로 만들어준다. 결론적으로, 포스트잇은 독서 기록을 더 재미있고 효과적으로 만들어주는 훌륭한 도구이다. 간편함, 시각적 즐거움, 공간 활용의 유연성, 그리고 창의성을 자극하는 포스트잇을 통해 독서가 더욱 풍부한 경험으로 다가올 수 있다. 독서 기록의 새로운 방식을 찾고 있다면, 포스트잇의 활용을 고려해 보는 것이 좋겠다. 이렇듯 독서를 풍요롭게 하는 포스트잇은 단순한 장비가 아니다. 이것은 독서의 깊이를 더해주고, 나만의 생각을 정리하는 데 큰 도움이 된다. 독서를 통해 얻은 지식을 자신의 것으로 만드는 과정에서, 이런 작은 도구들이 큰 역할을 한다는 것을 잊지 말자. 독서도 장비빨이라는 말이 결코 과장이 아님을 실감하게 될 것이다.

독서는 왜 하는가?

 '독서를 왜 하는가?'라는 질문에 대한 답은 많다. 필자 역시 독서를 하는 여러 가지 이유를 갖고 있다. 그 이유 중 하나는 우리 내면에서 자라나는 오만과의 투쟁이다. 우리는 무엇을 알 때, '모르면서도 알고 있다고 믿는 오만'과 '우리가 고대로부터 매우 발전했다고 믿는 자만'을 발견하게 된다. 이것은 독서가 우리로부터 진실이라 굳건하게 믿고 있는 것들을 흔든다는 것을 의미한다. 그런 의미에서 본다면, 독자라는 존재는 독서라는 위험한 행위를 통해 스스로 제 믿음을 흔들고자 하는 것들이라고 할 수 있을 것이다.
 이유가 거창하든, 아무렇지도 않든 간에 나는 자라면서 공부가 잘

되지 않으면 문고판 책을 중고로 사 두고는 손에 잡히는 대로 아무 책이나 뽑아 뒤적이는 버릇이 있었다. 마음에 끌리는 책이 있으면 기분 전환이 될 때까지 읽다가 덮어두곤 했다. 이렇게 띄엄띄엄 읽었던 책들 가운데 몇몇은 제목과 내용이 대충 떠오른다. 독서가 습관이 되었다.

왜 책을 읽어야 할까?

단적으로 말하면 책을 많이 읽는 사람은 정신 발달의 기회가 많고, 성공의 기회도 더 많다고 한다. 많은 박사 논문이나 저서를 통해서도 알 수 있지만, 그러한 증거에 의존하지 않더라도 우리는 익히 경험으로 알고 있다. 독서 습관은 이해력과 긍정적 사고력을 길러준다. HUMSS 교육 과정에서 보면, 독서가 학생들 사이에서는 강한 상관관계를 보여준다고 한다.

〈HUMSS는 Humanities and Social Sciences의 약자로, 인문학 및 사회과학 분야를 다루는 교육 과정이다. 이 과정은 주로 고등학교 고학년 학생을 대상으로 하며 저널리즘, 교육, 자유 예술, 교육학 등의 경력을 희망하는 학생에게 적합하다.〉 HUMSS 과정은 문화, 정치, 문학, 예술, 사회 등 인간 사회의 다양한 측면에 대한 깊은 이해를 제공하며, 이러한 요소의 복잡성을 어떻게 평가하는지를 배우게 되는데, 주로 우리나라에서는 국제학교나 특목 사립고에서 시행하고 있다. 이 교육 과정을 요약하면, 우리는 독서를 통해 인문 교양과 사회 과학 등을 두루 알게 되며, 성장기의 독서는 다른 세대보다 더 중요하다.

어릴 때부터 올바른 책 읽기 습관이 형성된다면 창의성과 이해력으로 무장하고, 성장기뿐만 아니라 성인기도 잘 살아갈 수 있다. 독서 습관을 가지면 학습 기술인 새로운 정보를 이해하고 창의적으로 해석할 수 있는 능력이 높아지기 때문이다. 즉, 독서는 단순한 취미를 넘어서 개인의 정신 발달과 사고력 향상에 중요한 역할을 한다는 의미이다.

2007년 전북대학교 인문대학 이승채 교수는 「성장 시기별, 자료별 독서량 간의 상관관계에 대한 연구」란 제목의 논문에서 대체로 특정 시기의 일반도서 독서량은 다른 시기의 일반도서 독서량과 상관관계가 높다고 설명했다. 이에 따르면 특정 시기의 만화 독서량은 다른 시기의 만화 독서량과 상관관계가 높다. 특정 시기의 잡지 독서량은 다른 시기의 잡지 독서량과 상관관계가 높다. 중학교 재학 시의 자료별 독서량과 고등학교 재학 시의 자료별 독서량 간의 상관관계가 높다는 것이다.

중학교, 고등학교 성장 시기에 책을 많이 읽었던 사람은 성인이 되어서도 책을 많이 읽을 가능성이 크다. 책을 읽는 것이 습관이 되었기 때문이다. 조금 더 어릴 때부터 독서 습관을 갖게 된다면 큰 자산을 갖고 성인이 되는 것을 의미한다.

이처럼 독서는 우리의 삶에 많은 긍정적 영향을 미친다. 그런데도 다시 열거해 보자면, 책은 우리에게 강력한 동기부여를 제공하여 어려움에 직면했을 때, 우리에게 희망과 용기를 줄 수 있다. 책을 읽으면 우리의 뇌가 활성화되고 새로운 아이디어와 통찰력을 얻을 수 있어, 우리의 창의성과 문제해결 능력을 향상할 수 있다. 또한, 책을 통해 우리는 다양한 감정을 경험하고 공감할 수 있어, 우리의 정서적 안정과 성장에 도움을 준다.

책을 읽는 사람들은 그렇지 않은 사람들에 비해 더 나은 학업 성과와 경력 발전을 보인다. 어릴 때부터 독서 습관을 가져야 하는 가장 큰 이유 중 하나기도 하다.

결론적으로, 독서의 긍정적인 영향을 누리기 위해서는 꾸준한 독서 습관을 기르는 것이 중요하다. 책을 읽는 시간을 정기적으로 가지고, 다양한 장르의 책을 접해보는 것이 좋다. 또한, 책을 읽으면서 메모하거나 토론하는 등 능동적인 독서 활동하면 더 큰 효과를 얻을 수 있다. 이를 통해 우리는 더 나은 삶을 살아갈 수 있을 것이다.

실패의 역설(逆說)

실패는 누구에게나 찾아오는 경험이다. 어쩌면 실패를 통해 우리는 성장하고 배우며 다시 일어설 수 있는 기회를 얻게 된다. 실패는 단순히 부정적인 사건이 아니라, 우리가 더 나은 방향으로 나아가기 위한 중요한 과정이다. 실패는 자기 인식을 높이는 데 큰 도움이 된다. 우리는 실패를 통해 자신의 한계와 약점을 이해하며, 무엇이 부족한지를 깨닫고 이를 개선하기 위한 노력을 하게 된다. 이러한 자기반성은 성장의 출발점이 된다. 또한, 실패는 인내심을 기르는 데 중요한 역할을 한다. 어려운 상황에서 포기하지 않고 다시 도전하는 것은 큰 용기와 인내심을 요구하며, 이 과정에서 우리는 더욱 강해지고, 어떤 어려움에도 불구하고 목표를 향해 나아가는 힘을 얻는다.

실패는 때로 예상치 못한 방향으로 우리의 길을 이끌어주기도 한다. 우리가 생각하지 못했던 새로운 가능성을 발견하게 되고, 이를 통해 더 나은 선택을 할 수 있는 기회를 얻게 된다. 또한, 실패는 사회적 관계를 강화하는 계기가 된다. 어려움을 겪을 때 주변의 지지와 격려는 큰 힘이 된다. 실패를 공유하고 함께 극복해 나가는 과정에서 우리는 더 깊은 유대감을 형성하게 되고, 이러한 경험은 인간관계를 더욱 돈독하게 만든다.

역사적으로 많은 성공한 사람들은 수많은 실패를 경험했다. 이들은 실패를 통해 얻은 교훈을 바탕으로 다시 도전하고 결국 성공을 이루었다. 따라서 실패는 성공으로 가는 필수적인 과정이며, 이를 긍정적으로 받아들이는 태도가 중요하다. 그리고 슬기롭게 극복하는 것도 필요하다.

실패를 극복하는 방법은 여러 가지가 있다. 먼저 자기반성을 통해 실패의 원인을 분석하고, 어떤 부분에서 개선이 필요한지 점검하는 것이 중요하다. 그런 다음 새로운 목표를 설정하고, 그 목표를 달성하기 위한 구체적인 계획을 세워야 한다. 작은 목표부터 시작해 차근차근 나아가는 것이 좋다. 긍정적인 생각을 유지하며 실패를 성장의 기회로 생각할 필요가 있다. 긍정적인 태도를 유지하는 것이 회복력을 높인다. 이와 함께 친구나 가족, 멘토와 같은 믿을 수 있는 사람들에게 도움을 요청하고, 그들의 격려와 조언을 받는 것이 큰 힘이 된다. 이러한 지지 시스템은 어려운 시기를 이겨내는 데 중요한 역할을 하며, 함께 나누는 경험이 회복의 원동력이 된다. 실패를 통해 배우고, 그 과정에서 주변의 지원을 활용하는 것이 결국 더 나은 방향으로 나아가는 길이 된다.

실패를 인정하고 다시 시작하는 것은 매우 중요한 과정이다. 실패는 누구에게나 일어날 수 있는 자연스러운 경험이며, 이를 통해 우리는 많은 것을 배운다. 실패를 인정하는 첫걸음은 자신에게 솔직해지는 것이며, 이를 통해 감정을 정리하고 앞으로 나아갈 수 있는 기회를 만든다. 다시 시작하기 위해서는 우선 실패의 원인을 분석하고, 무엇이 잘못되었는지 이해하는 것이 필요하다. 이를 바탕으로 새로운 목표를 설정하고, 구체적인 계획을 세우는 것이 중요하다. 작은 단계부터 시작하여 차근차근 나아가는 것이 회복의 힘이 된다. 또한, 긍정적인 생각을 유지하고 자신을 격려하는 것도 필요하다. 실패는 끝이 아니라, 새로운 시작의 기회이며, 이를 통해 성장할 수 있다.

어쩌면 실패를 통해 우리의 삶에 적군과 아군을 구별할 수 있는 장점도 있다. 어려움 속에서 진정한 지지자와 함께하지 않는 사람들을 확인할 수 있으며, 이에 따라 신뢰할 수 있는 관계를 더욱 강화할 수 있다. 믿을 수 있는 사람들과의 소통을 통해 지지를 받고, 그들의 조언을 활용하는 것도 큰 도움이 된다. 어려울 때 나를 지지하는 기반을 얻을 수 있다는 것은 매우 중요한 사실이다. 인생에서 마주하는 힘든 순간들은 누구에게나 찾아온다. 이러한 순간에 주변의 지지와 격려는 큰 힘이 된다. 친구, 가족, 동료들이 함께해 주며 나를 지지해 줄 때, 우리는 더 큰 힘을 얻는다. 결국, 고난 속에서 만나는 사람들은 우리 인생의 중요한 동반자가 되어 준다. 그들과의 관계는 단순히 위로를 넘어, 서로의 성장과 발전을 도모하는 소중한 기반이 된다. 이러한 유대감은 시간이 지나도 계속해서 우리의 마음을 지켜주며, 앞으로의 도전에도 함께 나아가는 힘이 된다.

더불어, 실패는 바쁜 삶의 〈잠시 멈추는 시간〉으로 활용할 수 있다. 이 시간을 통해 자신의 상황을 재정비하고, 앞으로 나아갈 방향을 다시 생각하는 기회를 가질 수 있다. 잠시 멈춤은 자신을 돌아보고, 필요한 변화나 개선점을 찾는 데 중요한 역할을 한다.

마지막으로, 실패를 겪는 순간에도 자기 관리와 건강한 생활 습관을 유지하는 것이 중요하다. 신체적, 정신적 건강이 회복에 중요한 역할을 하며, 이를 통해 더욱 강한 자신으로 다시 시작할 수 있다. 실패를 두려워하지 않고, 이를 인정하며 다시 도전하는 자세가 결국 성공으로 이어질 것이다. 실패는 단순한 좌절이 아니라, 더 나은 자신을 만들어가는 과정임을 잊지 말아야 한다.

결론적으로, 실패는 두려워할 것이 아니라 받아들이고 이를 통해 성장하는 기회로 삼아야 한다. 실패를 경험한 후 다시 일어나는 과정은 우리를 더욱더 강하게 만들며 인생의 의미를 깊게 하는 중요한 요소가 된다. 실패는 끝이 아니라 새로운 시작임을 잊지 말아야 한다.

독서기록장의
의미와 효능

　독서는 단순히 글을 읽는 행위를 넘어, 지식과 지혜를 쌓는 중요한 활동이다. 하지만 많은 사람들이 독서를 단순한 취미로 여기며 그 깊이를 충분히 느끼지 못하는 경우가 많다. 이런 상황에서 독서기록장은 독서를 더 의미 있고 효능감 있게 만드는 도구로 주목받고 있다. 이번 글에서는 독서기록장의 중요성과 그 활용법에 대해 살펴보고자 한다.

　독서기록장은 우리가 읽은 책의 내용을 기록하고 정리하는 공간이다. 이 기록장은 단순한 독서 노트와 달리, 체계적이고 구조적인 접근을 통해 독서를 보다 심도 있게 이해하고 성찰할 수 있도록 돕는다. 독서기록장을 작성하면서 우리는 책의 주요 내용을 요약하고, 중요한 인용구를 적으며, 자신만의 생각과 느낌을 기록하게 된다. 이는 단순한 독서 행위를 넘어, 책과의 대화를 가능하게 한다.

먼저 독서기록장은 독서의 목적을 명확하게 설정하게 해준다. 책을 읽기 전에 기록장에 목표를 설정하면, 그 책을 통해 얻고자 하는 바를 분명히 할 수 있다. 예를 들어, "이 책을 통해 역사의 흐름을 이해하고 싶다"라는 목표를 설정하면, 독서는 단순한 정보 습득을 넘어, 깊이 있는 이해를 향해 나아갈 수 있다. 이는 독서의 질을 높이는 중요한 요소가 된다.

또한, 독서기록장은 독서의 지속성을 높여준다. 많은 사람이 책을 읽다가 중도에 포기하는 경우가 많다. 하지만 독서기록장을 통해 일일이 독서 진행 상황을 기록하면, 자연스럽게 독서에 대한 책임감을 느끼게 되고, 이는 지속적인 독서 습관 형성에 큰 도움이 된다. 매일매일 기록을 작성하면서 독서의 성취감을 느끼고, 이는 독서에 대한 동기를 부여한다.

독서기록장을 통해 얻을 수 있는 또 다른 큰 장점은 비판적 사고력의 향상이다. 단순히 책의 내용을 기록하는 것에 그치지 않고, 자신의 생각과 느낌을 적으면서 우리는 책에 대해 비판적으로 사고하게 된다. 이는 책의 내용을 단순히 받아들이는 것이 아니라, 자기 경험과 지식을 바탕으로 재해석하고 분석하는 과정을 거치게 한다. 이러한 비판적 사고력은 독서를 통해 얻은 지식을 실제 생활에 적용하는 데 큰 도움이 된다.

독서기록장은 다양한 형태와 목적에 따라 여러 가지 종류로 나뉜다.

❶ 일반 독서기록장:
- 가장 기본적인 형태로, 읽은 책의 제목, 저자, 출판사, 읽은 날짜 등을 기록한다. 책의 주요 내용 요약과 독서 후 느낀 점도 함께 작성할 수 있다.

❷ 테마별 독서기록장:
- 특정 주제나 장르에 따라 책을 기록하는 방식이다. 예를 들어 역사, 과학, 소설 등 특정 분야에 관심이 있는 사람들이 유용하게 사용할 수 있다.

❸ 독서 다이어리:
- 일기 형식으로 작성되는 독서기록장이다. 하루하루 읽은 책의 내

용을 기록하고, 그날의 독서 경험을 일기처럼 작성한다. 이는 독서 습관을 형성하는 데 큰 도움이 된다.

❹ 독서 노트:

- 책을 읽으면서 중요한 문장이나 인용구를 기록하는 노트다. 책의 주요 내용을 정리하고, 자기 생각을 메모하는 방식으로 활용된다. 이는 비판적 사고를 기르는 데 유용하다.

❺ 독서 플래너:

- 독서 계획을 세우고 진행 상황을 점검하는 플래너다. 읽을 책의 목록을 작성하고, 목표를 설정하며, 독서 일정을 관리할 수 있다. 이는 체계적인 독서 습관을 기르는 데 도움이 된다.

❻ 독서 리뷰 기록장:

- 읽은 책에 대한 리뷰를 작성하는 기록장이다. 책의 줄거리, 장단점, 인상적인 부분 등을 정리하고 평가한다. 이는 책에 대한 깊이 있는 이해와 분석을 가능하게 한다.

❼ 독서 스크랩북:

- 책과 관련된 다양한 자료를 스크랩하여 기록하는 방식이다. 책의

중요한 문장, 저자 인터뷰, 관련 기사 등을 모아 한 권의 스크랩북으로 만든다. 이는 독서 경험을 더욱 풍부하게 만들어 준다.

❽ **디지털 독서기록장:**
- 스마트폰이나 태블릿, 컴퓨터 등을 이용해 디지털 형식으로 기록하는 방식이다. 다양한 애플리케이션이나 소프트웨어를 활용해 독서 기록을 남길 수 있으며, 검색과 관리가 쉽다.

각각의 독서기록장은 그 목적과 사용자의 필요에 따라 선택할 수 있으며, 이를 통해 독서를 더욱 의미 있고 체계적으로 즐길 수 있다.
결론적으로, 독서기록장은 독서를 더 의미 있고 효능감 있게 만드는 중요한 도구이다. 독서의 목적을 설정하고, 지속성을 높이며, 비판적 사고력을 향상하고, 독서의 즐거움을 배가시키는 등 다양한 장점이 있다. 독서기록장을 통해 우리는 독서를 단순한 취미를 넘어 삶의 중요한 부분으로 만들 수 있다. 독서는 힘이다. 연재를 통해 독서기록장의 중요성을 알리고, 많은 사람이 독서의 진정한 가치를 발견할 수 있기를 바란다.

성공의 직조(直照)

　연말이 다가오면 많은 이들이 한 해를 돌아보며 목표를 성취했는지, 아니면 미진했는지를 고민하게 된다. 각자의 목표는 다르지만, 공통으로 우리는 성취감과 실패감 사이에서 갈등을 겪는다. 어떤 사람은 계획했던 목표를 달성하며 뿌듯함을 느끼고, 또 다른 사람은 아쉬움과 후회를 안고 새해를 맞이하게 된다. 이러한 생각은 매년 반복되지만, 그 속에서 우리는 '목표에 대한 성공의 의미'에 대해 다시금 생각해보게 된다.

　과연 성공이란 무엇일까? 많은 이들이 성공을 결과로만 정의하지만, 진정한 성공은 그 과정에서의 경험과 배움에 더 큰 가치를 두어야 한다. 목표를 향해 나아가는 여정 속에서 우리는 수많은 도전과 시련을 겪게 되며, 이 과정에서 얻는 교훈이야말로 우리를 성장하게 만든다. 성공은 단순히 목표에 도달하는 것이 아니라, 그 목표를 향해 나아가는 과정에서 쌓아가는 경험의 총합임을 잊지 말아야 한다. 이제 우리는 한 해의 끝자락에서, 성공의 의미를 다시 한번 되새기며, 그 과정에서의 소중한 순간들을 돌아보는 시간을 가져야 할 때이다.

우리는 흔히 성공을 목표로 삼고, 그 목표를 이루기 위해 열심히 노력한다. 하지만 성공이란 무엇인가? 우리가 생각하는 성공은 단순히 사회적 지위나 재정적 안정, 혹은 명예와 같은 외적인 요소들로 정의될 수 있을까? 아니면 그보다 더 깊은 의미가 있는 것일까?

성공을 이루었다고 해서 모든 것이 완벽해지는 것은 아니다. 많은 사람이 성공을 경험한 후에도 여전히 공허함을 느끼거나, 다음 단계에 대한 압박감에 시달린다. 이는 성공이 단순한 결과물이 아니라, 그 과정에서의 성장과 배움이 더 중요하다는 것을 시사한다. 성공을 이루기 위해 쏟은 노력과 시간, 그리고 그 과정에서의 경험이야말로 진정한 가치가 아닐까?

성공을 목표로 삼고, 그 목표를 이루기 위해 달려가지만, 그 과정에서 우리는 많은 것을 잃기도 한다. 인간관계, 건강, 심지어는 자기 자신을 잃어버리기도 한다. 성공을 향한 여정에서 우리는 종종 '성공'이라는 단어에 갇혀, 그 의미를 잊고 살아간다. 단순히 결과에만 집중하게 된다. 성공을 이룬 후에는 그 결과가 우리에게 어떤 의미가 있는지, 그리고 그 결과가 우리의 삶에 어떤 영향을 미치는지를 고민해야 한다.

성공의 기준은 사람마다 다르다. 어떤 이에게는 직장에서의 승진이 성공일 수 있지만, 다른 이에게는 가족과의 행복한 시간이 더 큰 성공일 수 있다. 이처럼 성공의 개념은 상대적이며, 각자의 삶의 맥락에 따라 다르게 해석될 수 있다. 따라서 성공을 이루었다고 해서 모든 것이 끝난 것이 아니라, 오히려 새로운 시작일 수 있다. 성공이란 우리가 만들어가는 과정의 일부분일 뿐이다. 그 과정에서의 경험과 배움이 우리를 성장하게 하고, 진정한 의미의 성공을 찾게 만든다. 성공을 향한 여정에서 우리는 끊임없이 질문을 던져야 한다. '이것이 진정 내가 원하는 성공인가?', '이 과정에서 나는 무엇을 배우고 있는가?' 이러한 질문들이 우리를 더 깊은 이해로 이끌고, 진정한 성공의 의미를 찾게 해줄 것이다.

성공의 '성공 여부'는 결국 우리가 성공을 바라보는 시각에 달려 있다. 성공이란 단순한 결과가 아니라, 그 과정에서의 성장과 배움이 더 중요하다는 것을 잊지 말아야 한다. 성공을 향한 여정에서 우리는 끊임없이 자신을 돌아보고, 진정한 의미의 성공을 찾아가는 것이 필요하다. 성공이란 우리가 만들어가는 이야기이며, 그 이야기를 통해 우리는 더 나은 자신을 만들어갈 수 있다. 우리는 종종 삶을 산을 오르는 등산에 비유한다. 우리가 반드시 정상에 올라가서 아래를 내려다보아야만 등산을 했다고 말하지는 않는다. 어쩌면 우리가 성공이라 말하는 것도 꼭 목표의 정점(定點)에 이르러야만 성공이라 할 수 있을까?

원하는 것을 너무 빨리 이뤄버린다면, 그다음에는 무엇을 해야 할까? 많은 사람이 목표를 세우고, 그 목표를 향해 달려간다. 하지만 그 목표를 이룬 후에는 종종 허탈감이나 공허함을 느끼게 된다. 마치 한 편의 영화를 보고 난 후, 그 여운이 사라진 것처럼. 성공을 이룬 후의 삶은 또 다른 시작이기도 하다. 새로운 목표를 세우고, 또 다른 여정을 시작해야 하는 것이다. 하지만 그 과정에서 우리는 다시금 질문을 던지게 된다. '이제 나는 무엇을 위해 살아야 할까?'

이런 상황에서 성공이라는 개념은 더욱더 회의적이게 된다. 성공이란 애초부터 존재하지 않는 것일지도 모른다. 우리가 설정한 목표와 그 목표를 이루기 위한 노력은 결국 우리 삶의 일부일 뿐, 그 자체가 삶의 의미를 결정짓는 것은 아니다. 우리의 삶은 정해진 길이와 방향이 없으므로, 성공이라는 개념도 상대적이고 유동적이다.

결국, 성공이란 우리가 만들어가는 과정 일부분일 뿐이다. 그 과정에서의 경험과 배움이 우리를 성장하게 하고, 진정한 의미의 성공을 찾게 만든다. 삶의 길이가 정해지지 않았기 때문에, 우리는 끊임없이 새로운 목표를 설정하고, 그 목표를 향해 나아가야 한다. 하지만 그 목표가 진정으로 우리가 원하는 것인지, 그리고 그 과정에서 우리는 무엇을 배우고 있는지를 돌아보는 것이 중요하다.

성공을 향한 여정은 마치 긴 여행과 같다. 이 여행에서 우리는 다양한 도전과 어려움에 직면하게 되며, 이러한 경험들은 우리를 성장하게 만든다. 실패와 좌절은 성공의 일부로, 이를 통해 우리는 더 강해지고 지혜를 얻게 된다. 성공이란 목표에 도달하는 것이 아니라, 그 목표를 향해 나아가는 과정에서 쌓아가는 경험의 총합이다.

또한, 성공은 혼자만의 힘으로 이루어지는 것이 아니다. 주변 사람들과의 관계와 소통이 중요한 역할을 한다. 동료, 친구, 가족과의 협력과 지지는 성공의 여정에서 큰 힘이 된다. 함께하는 이들과의 경험은 성공을 더욱 의미 있게 만들어 주며, 그 과정에서 우리는 서로에게 긍정적인 영향을 미친다.

결국, 성공은 단순한 결과가 아니라, 그 과정에서의 성장과 배움, 그리고 관계 속에서 발견되는 것이다. 인생의 여정에서 성공은 우리가 겪는 찰나의 순간들 속에 숨겨져 있으며, 이러한 순간들이 모여 진정한 성공을 이루게 된다. 성공을 향한 여정은 끝이 없으며, 그 과정에서의 경험이 우리를 더욱 풍요롭게 만든다.

독서모임

　독서는 혼자서도 할 수 있지만, 같은 책을 읽고 다양한 사람들과 생각을 나누는 것은 또 다른 즐거움을 준다. 독서 모임은 이러한 경험을 가능하게 해주는데, 참여할 수 있는 독서 모임의 종류는 생각보다 다양하다. 방식에 따라 나누는 방법도 많다.

❶ 발제 방식의 독서 모임
　모임마다 한 명이나 몇 명이 책에 대해 발제하고, 그 내용을 중심으로 토론을 진행한다. 책에 대한 깊이 있는 이해와 분석을 할 수 있다.

❷ 자유 주제 방식의 독서 모임
　정해진 책 없이 각자 읽은 책에 대해 자유롭게 이야기를 나눈다.

다양한 책에 대한 정보를 얻을 수 있고, 새로운 책을 발검할 기회가 많아진다.

❸ 강사 초청형 독서 모임

특정 분야의 전문가나 책의 저자를 초청해 강연을 듣고, 질의응답 시간을 가진다.

전문가의 깊이 있는 지식을 직접 듣고, 궁금한 점을 해소할 수 있다.

❹ 낭독 모임

책을 소리 내어 읽으며, 텍스트를 더 깊이 이해하고 감상을 나눈다.
책을 읽는 새로운 방식을 경험하고, 낭독을 통해 텍스트에 더 몰입할 수 있다.

이 외에도 다른 방식의 독서 모임 형태는 많다. 내가 리더로 있는 독서 모임을 소개해 본다.

필자는 〈독서 모임 '여름'〉을 운영하고 있다. 오랜 역사를 가진 모임도 많지만, 조금 남다르게 시작한 경험을 소개해 보려고 한다. 회원의 구성은 낮에는 일하고 밤에는 공부한다는 '주경야독'이 컨셉이다. (실은 회원 한 명은 저녁부터 새벽까지 하는 일을 하고 있지만) 먼저 회원 한

명씩 돌아가면서 책을 정하고 책에 대해 발제한다. 공지하고 난 뒤, 다음 모임엔 그 선정된 책을 읽고 온다. 시간이 없다면 본인이 맡은 부분만 읽고 와도 된다. (전 시간에 분야별로 나눈 부분이 있다.) 회원들 각자에게 발표할 15분이 주어진다. 그러고는 허락된 시간 안에서 읽은 부분을 요약하거나, 생각한 느낌과 내용 중심으로 그 시간을 이끌어 나간다. 책에 대한 깊이 있는 독서를 통해서 이해와 분석을 쉽게 할 수 있다.

  시간을 배부하는 방법을 택한 이유는 간단하다. 발언 기회를 서로 얻자는 의미이다. 독서 모임이나 독서토론에 가보면 주로 이야기를 하는 사람만 한다. 간혹 한마디도 말을 못 하고 오는 사람도 있다. 말이 어눌하거나, 서툴거나, 다른 어떤 이유로 주눅이 들어 그러겠지만, 그렇다 하더라도 조금 속상할 일이다. 아이들을 가르치다 보면 흔히 보는 일이다. 안될 말이다. 느리게 가더라도 말을 들어주고, 생각을 정리해서 발표할 시간도 주고, 그러면서 서로 성장하자는 게 나의 모토다. 그래서 생각한 것이 타이머다. 딱 15분 정도는 무조건 자기의 시간으로 갖게 한다. 이야기가 끝난 다음에는 프리토킹 시간을 가진다. 부족했다면 이 시간을 활용하면 될 일이다. 학생들을 가르치면서 느낀 건데, 자기에게 정확하게 시간이 주어지면 온전하게 혹은 부족해도 어찌 되었건 간에 이끌어 가는 걸 볼 수 있다. 어른도 마찬가지다. 그러면서 조금씩 나아진다. 공부도, 독서도, 발표도 시간의 힘이라는 게 있다.

얼마 전 철학에 조예가 깊은 시인에게 '쇼펜하우어에 관한 담론(談論)'에 대한 강의를 부탁하기도 했다. 만들어 온 자료와 함께 시원한 입담과 서사로 그 시간을 풍요롭게 했다.
〈칼 구스타프 융〉에 대해서도 가볍게 언급하면서 확장된 토론, 질의응답 시간을 가져서 의미 있고 가치 있는 시간으로 생각됐다.

여러 이유를 통해 독서 모임이 우리에게 주는 긍정적인 영향에 대해 생각해보자.
첫 번째로 독서 모임은 다양한 배경을 가진 사람들과 만날 수 있는 기회를 제공한다. 이를 통해 새로운 관계를 형성하고, 사회적 네트워크를 확장할 수 있다.
두 번째는 같은 책을 읽어도 사람마다 느끼는 점이 다르다. 독서 모임에서는 이러한 다양한 관점을 공유하며, 책에 대한 깊이 있는 이해와 새로운 인사이트를 얻을 수 있다.
세 번째도 독서 모임은 정기적으로 책을 읽고 모임에 참여하게 만든다. 이 과정에서 자연스럽게 독서 습관이 형성되고, 독서량도 늘어날 수 있다.
마지막으로, 혼자서는 주로 선호하는 장르의 책만 읽게 되는 경우가 많다. 하지만 독서 모임에서는 다른 멤버들의 추천으로 평소에 접하지 않았던 다양한 장르의 책을 읽게 된다. 이는 지식의 폭을 넓히고, 새로운 관심사를 발견할 수 있는 기회가 된다.

독서 모임은 책을 좋아하는 사람들이 모여 서로의 생각을 나누고, 새로운 지식을 얻는 소중한 시간이다. 관심 있는 독서 모임에 참여해 보자. 책을 통해 더 넓은 세상을 만나고, 다양한 사람들과 교류할 수 있는 기회가 될 수 있을 것이다.

이기적 배려
- 기 드 모파상의 『비곗덩어리』 -

피로와 감기로 겨우 받은 전화. 인사도 하기 전, 전화기 너머로 그녀가 내게 쉬어야 한다고 말했다. 인간의 에너지는 한정적이라, 나이가 들수록 불필요한 일에 에너지를 낭비해서는 안 된다고 했다. 몸을 아껴야 한다며, 자잘한 일은 하지 말라고 조언했다. 하지만 정작 그녀는 종종 많은 일을 내게 맡긴다. 내가 아니면 안 된다며 필요할 때는 불러내고, 이제 와서는 쉬라고 한다. 순간 모파상의 〈비곗덩어리〉가 떠올랐다.

한 번씩 읽어봤을 책

모파상의 『비곗덩어리』는 배려라는 이름 아래 가해지는 또 다른 형태의 폭력을 얘기하고 있다. 작품 속 주인공은 뚱뚱해서 '비곗덩어리'라는 별명이 붙은 창녀다. 그러나 그녀의 신분과 직업이 귀족이나 부유층의 기준에서 볼 때 하찮다는 이유로 항상 무시당한다. 그런 그녀가 전쟁 중 같은 마차에 탄 귀족과 부유층 인사들의 생명을 구하는 역할을 하게 된다. 적군의 장교가 그녀에게 희생을 강요했고, 함께 있던 사람들은 처음에는 그녀를 위하는 척하며 희생을 강요하지 않는 듯 보였다. 하지만 시간이 흐를수록 마차 안의 사람들은 점점 그녀에게 압박을 가하기 시작했다. 결국 그녀는 모두를 위해 희생했고, 그 덕분에 마차에 탄 사람들은 무사히 길을 떠날 수 있었다.

그러나 희생 이후의 상황은 참담했다. 그녀가 희생하기 전까지 그녀에게 다정한 태도를 보였던 사람들은 목적을 달성하자마자 차갑게 돌아섰다. 그녀와 나눈 대화를 기억하지 않는 듯했고, 그녀가 존재하지 않는 사람인 것처럼 대했다.

"모든 사람은 그녀를 비난하는 듯한 태도를 보이며 그녀를 멸시했다. 처음에는 그녀의 희생을 애서 당연한 것처럼 받아들이던 그들이, 이제는 마치 그녀의 존재 자체가 불쾌한 것처럼 행동했다. 그녀와 함께 있는 것이 부끄럽다는 듯이, 그녀를 쳐다보지도 않았고, 그녀와 말도 섞지 않았다." 마차 안의 사람들은 처음부터 끝까지 자신들의 이익을 위해 그녀를 이용했을 뿐이다. 겉으로는 그녀를 걱정하는 듯 행동했지만, 결국 그녀가 필요할 때만 배려하는 척했다. 그리고 더 이상 필요하지 않게 되자 그녀를 철저히 외면했다.

이 작품이 발표된 것은 19세기 말, 프랑스가 프로이센과의 전쟁에서 패배한 직후이다. 보불전쟁(1870-1871)은 프랑스 사회에 깊은 상처를 남겼고, 패배 이후 프랑스는 자존심을 회복하기 위해 애썼다. 하지만 내부적으로는 극심한 계급 갈등과 정치적 혼란이 지속되었다. 『비곗덩어리』는 이러한 시대적 배경 속에서 탄생했다. 작품 속 마차에 탄 사람들은 다양한 사회 계층을 대표하는 인물들로, 프랑스 사회의 위선을 그대로 보여준다. 평소에는 애국심과 도덕을 강조하지만, 막상 자신들이 불리한 상황에 부닥치면 그 가치관을 손쉽게 뒤집어버리는 모습이야말로 당시 프랑스 사회의 모순을 그대로 반영한 것이다.

이 장면이 떠오르는 이유는 현실에서도 이런 일이 반복되기 때문이다. 사람들은 주변인을 위하는 척하지만, 그것이 정말 상대방을 위한 것인지, 아니면 자신들의 필요를 채우기 위한 것인지 분간하기 어려운 경우가 많다. 우리는 종종 "너무 힘들어 보이니 좀 쉬어야 해!"라는 말을 듣는다. 쉬어야 한다는 조언은 듣기에는 따뜻하지만, 정작 쉴 수 있는 환경이 제공되지 않는 경우가 많다. 정말 쉬어야 하는 상황이 오면 "네가 아니면 안 돼!"라며 다시 불러낸다. 결국 '배려'라는 말은 한순간 상대를 위한 것처럼 보이지만, 실상은 상황에 따라 언제든 뒤집힐 수 있는 것이다.

이런 모순된 배려 속에서 사람들은 지쳐간다. 한순간에는 쉬어야 할 사람으로 배제되었다가, 다음 순간에는 필요한 존재로 호출된다. 마치 비곗덩어리가 마차 안에서 철저히 배려받다가 결국 가장 먼저 희생해야 했던 것처럼. 그리고 희생 후에는 외면당했던 것처럼. 보불 전쟁 이후 프랑스가 자국민에게 애국심을 강요하면서도, 정작 전쟁이 끝난 후에는 상처받은 이들을 외면했던 것과 같은 모습이다.

그렇다면 우리는 배려라는 이름으로 나의 이익을 위해 가면을 쓰지는 않았는가? 정말 상대를 위한 행동이라고 믿었지만, 결국 그 사람이 필요할 때만 따뜻한 얼굴을 보인 것은 아닐까? 혹은 배려라는 이름으로 무관심으로 남겨 두어야 할 부분까지 건드려, 들추고 파헤치는 것은 아닐까? 우리는 정말 순수한 의미의 배려를 실천하고 있는 것일까, 아니면 필요에 따라 변하는 가면을 쓰고 있는 것일까?

이것은 정치도 마찬가지다. 정치인들은 자신들과 뜻을 같이하는 지지자들에게 달콤한 말로 선동하고, 그들에게만 특별한 배려를 베푸는 듯 행동한다. 하지만 그 배려는 진정한 관심과 존중에서 비롯된 것일까, 아니면 단순히 그들의 지지를 얻기 위한 전략적 선택일 뿐일까? 선거가 끝나고, 목적이 달성된 후에도 그들은 여전히 같은 태도를 유지할까? 결국, 정치권에서의 배려도 이기적인 목적을 위한 도구가 되어버린 것은 아닐까?

삶의 길은
책이 만든다

  사람들은 어떤 것이든 최고를 최고로 좋아하는 것 같다. 1등만을 좋아하고, 2등은 기억되지 않는 세상. 1등이 되기 위해 최선을 다해야 한다고 말한다. 하지만 살아보니 최고의 삶보다 최선을 다하는 삶보다, 작은 것이라도 꾸준히 하는 삶이 더 중요하다는 것을 깨달았다. 최고의 행복에는 유통기한이 있다. 로또에 당첨되면 최고로 행복할 것이다. 하지만 그 행복에는 유통기한이 있다. 반면, 작지만 꾸준히 행복하게 하는 삶, 그것은 루틴을 통해 이루어진다. 최고의 행복보다는 작지만 확실한 행복을 꾸준하게 추구하는 소확행의 삶. 최고로 행복해지기 위해 최선을 다하지 않아도 은근하게 스며드는 행복. 그 행복을 가지게 만드는 방법 중에 제일 좋은 것이 독서라 생각한다.

책이란 하나의 세상이다. 책을 읽지 않는다는 말은 자신의 세상만 살다가 죽는 것을 의미한다. 많은 책을 읽을수록 많은 세상을 사는 것이란 생각이 들어서 욕심이 생겼다. 물론 정독과 다독과 속독 중 어느 것이 좋으냐는 가치 판단에 대한 문제는 일단 보류하기로 했다. 그런 독서법은 나름 장단점을 가지고 있다. 하지만 나는 읽다 보면 나 자신만의 독서법이 만들어질 것으로 생각했다. 나 자신에 최적화 된 독서 방법 말이다.

최고가 되기 위해 최선을 다해 책을 읽지 않는다. 다만 책 읽기를 루틴으로 만들기 위해 읽는다. 읽는 것이 재미있기 때문이다. 매일 읽으니 매일 재미가 있기 때문이다. 그러면 매일 행복감을 느낄 수 있다.

글을 쓰다 보니, 소재와 주제에 한계가 느껴졌다. 책은 인풋이고, 말과 글쓰기는 아웃풋이다. 인풋이 있어야 아웃풋이 생기는데, 들어가는 것이 없으니 나오는 것이 빈약했다. 일단은 닥치고 읽었다. 글을 쓰기 위해 독서를 통한 인풋을 넣었다. 읽는다고 바로 아웃풋으로 생성되는 것은 아니다. 읽은 것이 생각의 한 부분으로 사리하기에, 생각의 지평이 넓어진다. 단지 지평이 넓어지는 것만이 아닌 생각의 색이 서로 섞이어 새로운 색이 만들어진다. 그 새로운 생각의 색이 창의적인 색, 즉 창외력이라 할 수 있다. 인풋이 많이 들어가면 그만큼 창의적인 생각을 많이 할 수 있다. 그러면 글쓰기에 그 생각이 반영될 것이며, 좋은 생각은 좋은 글로 이어지는 것이다.

무엇보다 읽다 보면 나에게 최적화된 독서방법뿐만 아니라, 삶에서도 길을 찾을 수 있을 거로 생각한다. 책을 읽지 않으면 다른 사람이 만든 길을 습관적으로 살아갈 수밖에 없다. 독서를 통해 남이 만들어 놓은 길이 아니라, 나의 길을 만들고 그 길을 걷고 싶어졌다. 다시 말해 나에게 맞는 길을 찾는 방법이 독서라 생각한다. 독서를 통해 찾은 길이 내 인생의 의미가 담긴 길이라는 생각이 들었다.

이제 조금 과장되게 표현하자면, '책을 읽다 죽자'라는 생각으로 책을 읽는다. 독서를 통해 찾은 나만의 독서방법으로 그렇게 읽다 보면 분명 무언가 길이 보일 것이다. 더 밀도 높게 책을 읽어야할 할 이유가 된다. 독서를 하는 것은 잘 살기 위해서이며, 책을 한 권이라도 더 읽으면 분명 그만큼 몇 평이라도 더 삶의 지평이 넓어질 것이다. 책을 통해 다양한 경험을 간접적으로 얻을 수 있다. 분명 이는 나의 삶의 폭을 넓히고 새로운 가능성을 열어줄 것이다. 또한, 다양한 문화와 가치관을 이해하고 세계관 또한 확장시킬 것이다. 때론 책은 강력한 동기부여를 제공한다. 성공 관련 도서를 읽으면 포기하지 않고 계속 나아갈 수 있는 힘을 얻는 것처럼…

"도로는 노동과 장비로 만들지만, 삶의 길은 책이 만든다."

최고의 삶을 살기를 원하지 않는다. 최선의 삶을 살기도 원하지 않는다. 단지 매일 반복되는 루틴의 삶을 살고 싶다. 그 루틴에 재미를 담는 삶이기를 원한다. 독서를 통한 루틴의 삶을 살다보면 삶이 더 재미있고 풍요로워지지 않을까? 독서를 통해 소확행의 삶을 살 수 있지 않을까? 그뿐 아니라, 책과 함께 성장하며 더 나은 삶을 만들어 나갈 수 있을 것이다.

배려의 경계를 넘어서

 "허용적"이라는 단어는 어떤 것에 대해 관대하거나 너그러운 태도를 보이는 것을 의미한다. 즉, 엄격하게 제한하거나 금지하지 않고, 비교적 자유롭게 허용하는 것을 나타낸다. 예를 들어, 교사가 학생에게 허용적인 태도를 보인다면, 학생의 행동에 대해 엄격하게 규제하지 않고 어느 정도 자유를 주는 것을 뜻한다.

 얼마 전부터 나는 마음속에 자리 잡은 불편함을 마주하기 시작했다. 그것은 누군가에게 베풀었던 배려가 어느 순간 그 사람의 권리로 변질하여 가고 있다는 생각에서 비롯되었다. 처음엔 아주 작은 호의에서 시작된 배려가, 시간이 지나감에 따라 당연시되고, 더 나아가 요구로 이어졌다. 나는 누군가에게 친절해지고 싶었다. 그가 필요로

할 때 도움을 주고, 그의 어려움을 조금은 덜어주고 싶었다. 그러나 어느 순간부터, 그는 나의 배려를 자신의 권리로 여기기 시작했다. 내가 조금이라도 그의 기대에 미치지 못할 때면, 그는 실망하거나 불만을 표출했다. 그의 오만함은 나를 당황스럽게 했고, 나의 너그러움은 그를 오해하게 했다.

이 모든 상황을 만든 것은 어쩌면 나의 책임이기도 했다. 나의 지나친 허용이 그의 요구를 자연스럽게 받아들였다. 나는 누군가에 대한 나의 배려를 권리로 오인하도록 만들었다. 누군가에게 명확한 경계를 설정하지 않았고, 그 결과 우리는 서로에게 해를 끼쳤다.

돌이켜보면 분명한 경계 설정이 필요할 때도 어쩌면 나의 행동이 흐지부지했을 것이다. 불편하고 귀찮아서였을지도 모른다. '불편해질 바엔 내가 하겠다.'라고 생각했을지 모른다. 내가 만들어 놓은 관계의 틀을 내가 틀렸다고 말하는 것일 수도 있다. 내가 깨고 나와야 할 일이다. 분명 나의 잘못도 있다.

그렇다고 해서 그의 오만함을 정당화할 수는 없다. 배려는 기본적으로 상호 존중에서 비롯되는 것이다. 상대방의 호의를 당연하게 여기고, 그것을 자신의 권리로 착각하는 것은 분명히 잘못된 태도다. 그들은 나의 배려를 진심으로 감사하기보다는 그것을 요구하고 기대하는 습관을 들였다. 당하고 나서야 느낀 나의 우둔함도 크지만, 지금에서 생각해도 내가 어리석어서가 아니었다고 말하고 싶다.

배려는 조건이 없는 것이 아니다. 그것은 서로의 경계를 존중하고, 감사하는 마음을 가질 때, 비로소 진정한 의미가 있다. 나는 더 이상 타인의 요구를 조건 없이 받아들이지 않을 것이다. 대신, 그들과의 관계에서 명확한 선을 그을 것이다. 배려는 타인의 처지에서 생각하고 필요나 감정을 존중하며 행동하는 마음이다. 이는 의미를 지니며, 타인의 행복과 안녕을 위해 자기 행동을 조절하는 것을 포함한다. 나의 배려가 그들의 권리가 되지 않도록, 나의 너그러움이 나의 의무로 변질하지 않도록 말이다.

이제 배려의 진정한 의미를 다시금 되새기며, 새로운 관계를 맺고자 한다. 그것은 상호 존중과 감사의 마음을 바탕으로 하는 진정한 인간관계다. 더 이상 그들의 오만함에 휘둘리지 않을 것이다. 나의 배려는 나의 선택이며, 그것은 그들의 권리가 아니다.

나는 편하게 사회생활을 하고 싶었다. 오랜 시간 사회생활을 하면서 쌓인 지혜로움이란 건, 어쩌면 부딪히지 않아서 오는 안정이 아니었을까? 센 사람은 피하고, 피하지 못할 바에는 맞춰주고, 그러다가 시간이 지나서 지금에야 이르렀을까?

  누군가가 어려움을 겪고 있을 때, 그들의 상황을 이해하고 도와주려는 노력이 배려라고 하거나 혹은 다른 사람의 감정을 상하지 않도록 주의 깊게 말하거나 행동하는 것도 배려의 한 형태라고 생각했다. 배려는 사회적 유대를 강화하고 긍정적인 관계를 유지하는 데 중요한 역할을 할 것이라 지금도 생각한다. 하지만 앞으로는 나의 경계를 명확히 하고, 나의 배려가 그들의 권리가 되지 않도록 할 것이다. 진심으로 베푸는 배려가, 그들에게도 진심으로 받아들여지기를 바란다. 상호 존중과 감사의 마음이 담긴 관계 속에서, 나는 진정한 인간관계를 만들어갈 것이다. 이제 나는 나 자신을 지키며, 건강한 사회생활을 할 준비가 되었다.

친절한 무관심

현대 사회에서 직장생활은 단순한 업무 수행을 넘어 인간관계를 형성하고, 서로의 가치를 존중하는 공간으로 자리매김하고 있다. 직장, 즉 사회생활을 하다 보면 다양한 사람들을 만나게 된다. 그중에는 친절한 사람도 있고, 때로는 그 반대의 경우도 있다. 요즘처럼 다양성이 드러나고 존중되는 사회일수록 서로에 대한 배려가 중요하다. 상대방의 입장을 고려한 '배려'는 대인관계에서 중요한 요소로 여겨진다. 그러나 이러한 배려가 가끔은 소문을 퍼뜨리는 도구로 변질하는 경우가 있다. 예를 들어, 누군가의 어려운 상황에 대해 "그 사람 괜찮은지 모르겠어!"라고 말하는 것이 친절한 의도로 시작되었더라도, 그 말이 여러 사람에게 전해지면서 상황이 왜곡되고 불필요한 소문으로 이어질 수 있다. '선의'라는 이름으로 포장된 지나친 관심은 때로는 상대방에게 부담이 될 수 있으며 개인의 자율성, 심리적 안정성, 관계의 본질을 해치는 부정적인 효과를 초래할 수 있다. 우리는 서로에게 진정한 관심을 기울일 때, 그 관심이 상대방에게 어떻게 받아들여질지를 고려해야 한다. 진정한 배려는 상대방의 자율성을 존중하고, 그들이 필요로 하는 방식을 이해하는 것에서 시작되기 때문이다.

이런 상황에서 '친절한 무관심'의 가치가 중요해진다. 친절함이 때로는 '무관심'이라는 형태로 나타날 수 있다는 사실을 간과해서는 안 된다. 무관심이라고 하면 부정적인 이미지가 강하지만, 의외로 이 '친절한 무관심'이 긍정적인 방향으로 작용할 수 있다는 점을 알아두면 좋겠다.

친절한 무관심이란 상대방의 감정이나 상황을 존중하면서도 너무 깊이 개입하지 않는 태도를 의미한다. 예를 들어, 누군가 힘들어 보일 때 "괜찮아?"라고 묻기보다는 "힘든 일이 있으면 이야기해."라는 식으로 말하는 것이 더 효과적일 수 있다. 이렇게 상대방의 마음을 헤아리면서도 부담을 주지 않는 방식이 오히려 상대방에게 안도감을 줄 수 있다. 또한, 자신의 문제에 휘말리지 않아 마음의 여유를 가질 수 있다는 장점이 있다.

친절한 무관심은 사회적인 스트레스를 줄이는 데도 큰 도움이 된다. 우리가 살아가는 사회는 때로 서로의 기대와 요구로 가득 차 있다. 이런 상황에서 모든 사람에게 최선을 다하려고 하다 보면, 자신이 지치게 되는 경우가 많다. 하지만 사람들과의 관계에서 적절한 거리를 유지하고 친절한 무관심을 실천한다면, 서로의 삶에 부담을 덜어줄 수 있다. 이는 결국 서로에게 긍정적인 영향을 미치게 된다.

결국, 친절한 무관심은 상대방을 존중함과 동시에 자신의 감정과 공간도 존중하는 태도로 이어질 수 있다. 배려가 소문을 퍼뜨리는 도구로 변질하는 상황을 피하기 위해서는 무심한 듯하지만 깊은 이해를 바탕으로 하는 친절한 무관심이 필요하다. 이에 따라 상처를 주지 않으면서도 서로에게 긍정적인 영향을 미치는 관계를 유지할 수 있을 것이다.

이러한 태도가 주는 교훈은 "상대방을 존중하면서 나 자신도 존중하자!"라는 것이다. 아무리 친밀한 관계라도 서로의 공간과 감정을 존중하는 것이 중요하다. 이런 경계를 지키는 것이 건강한 인간관계를 만들어 줄 수 있다.

마지막으로, 친절한 무관심은 우리 사회를 더욱 따뜻하게 만들어 줄 수 있다는 점도 잊지 말아야 한다. 우리가 서로에게 부담을 주지 않으면서도 작은 친절을 베푸는 것, 이것이 바로 우리가 만들어가는 더 나은 사회의 초석이 될 수 있다. 그러므로 사회생활을 할 때는 이 친절한 무관심을 잊지 말고, 긍정적인 태도로 주변을 바라보는 연습을 해보는 것이 중요하다. 이러한 작은 변화가 우리 모두에게 큰 힘이 될 것이다.

사설을 읽으시나요?

신문 사설을 읽으시나요? 오피니언 페이지에 나오는 칼럼은요?

사설과 칼럼은 주장을 펼치는 글이다. 보통은 누군가의 잘못을 혹은 좋지 못한 사회현상을 분석하고 비판하거나 책, 영화, 노래, 연극 같은 문화예술 작품을 평가한다. 이런 글을 묶어서 비평이라고 한다. 비평은 사람과 사물과 현상의 시비(是非), 미추(美醜), 선악(善惡), 가치(價値)를 평하는 글이다. 온·오프라인 신문에서는 매일 세상 모든 것에 대한 칼럼과 사설이 올라온다.

비평은 무엇에 관한 글인지 주제가 분명하고, 필요한 정보를 적절한 논리적 맥락으로 말이 되게 엮어야 한다. 또 주제와 무관한 것을 거론해서 엉뚱한 곳으로 가지 않고 주제에 집중해야 한다. 또 알맞은 단어와 표현, 자연스럽고 쉬운 문장으로 주장을 명확하게 전달해야 한다. 물론 보도기사와 달리 칼럼과 사설은 주관적 판단과 주장을 보여주기 때문에 오로지 사실만 전달하는 건 아니다. 그렇다고 해서 보도기사가 오로지 사실만 전달한다고는 생각하지 않는다.

인터넷이 등장하기 전, 종이신문이 정보 유통을 주도하던 시절에는 칼럼니스트가 쓴 글을 읽고 신문사에 전화하고, 편지로 독자의 의견을 보내거나, 구독 신청이나 절독 신청을 했다. 요즘은 집에서 신문을 구독하지 않는 사람이 많다. 가장 흔하게 쓰는 방법이 인터넷 댓글 달기다. 트위터나 페이스북에 짧은 논평을 올리기도 하고, 인스타그램을 활용해서 자기의 의사를 피력하기도 한다. 종이신문보다는 요즘은 많은 독자가 인터넷을 활용해서 정보를 접한다. 그리고 그만큼 교육이나 정치에 대해서 '전문가 수준'의 비평을 하기도 한다. 물론 말로만 하는 사람들도 많다. 하지만 인터넷을 통한 미디어에 댓글을 달고, SNS에 짧은 글을 올리는 사람도 많다. 짧아도 비평은 비평이다. 때로는 비평에 대한 비평도 많이 한다. 공공 매체는 다양한 의견이 존재하는 공간이므로, 개인적인 감정이나 편향된 시각을 배제하고 객관적이고 공정한 시각에서 글을 작성해야 한다. 이를 통해 읽는 사람의 신뢰를 얻을 수 있다. 사용하는 정보와 자료의 신뢰성도 반드시 확인해야 한다. 신뢰할 수 있는 출처에서 인용하고, 사실에 기반한 글을 읽을 대상을 고려하여 언어와 스타일을 조정하는 것도 필수적이다. 글을 통해 전달되는 메시지는 사회에 영향을 미칠 수 있으므로, 쓰는 내용이 사회적 책임을 다하고 있는지, 긍정적인 변화를 끌어낼 수 있는지를 항상 고려해야 한다.

특히나 사설과 칼럼은 단순한 글이 아니다. 이들은 우리 사회의 목소리를 대변하고, 중요한 이슈에 대한 깊이 있는 논의를 촉진하는 역할을 한다. 사설과 칼럼을 잘 써야 하는 이유는 여러 가지가 있다.

먼저, 사설과 칼럼은 사회에 미치는 영향이 매우 크다. 이들은 단순한 의견 제시를 넘어 사회적 논의와 공론 형성에 이바지하며, 독자에게 다양한 시각을 제공하고 사회적 이슈에 대한 깊이 있는 이해를 돕는다. 사설은 신문사의 공식 입장을 대변하며 특정 주제에 대한 명확한 의견을 제시하는 반면, 칼럼은 개인의 독창적인 시각을 통해 독자에게 새로운 통찰을 제공한다. 이러한 과정에서 독자들은 다양한 관점을 접할 수 있게 된다.

또한, 사설과 칼럼은 사회적 논의의 장을 마련한다. 다양한 의견이 교환되며, 이는 독자들이 문제를 인식하고 토론할 수 있는 기회를 제공한다. 이러한 논의는 사회적 합의를 이루는 데 필수적이며, 독자들은 이를 통해 스스로 생각하고 자신의 입장을 정립할 수 있는 기회를 얻게 된다. 이는 건강한 민주사회의 발전에 이바지하는 중요한 요소로 작용한다.

사설과 칼럼을 작성하는 이들은 정확한 정보를 제공해야 하며, 저널리즘의 하나로 사실에 기반한 정보는 독자에게 신뢰를 주고, 잘못된 정보는 혼란을 초래할 수 있다. 이는 사회적 갈등으로 이어질 수 있으므로, 이러한 책임을 깊이 인식해야 한다.

결론적으로, 사설과 칼럼은 단순한 의견 제시를 넘어 사회적 책임을 다하고 독자와의 소통을 강화하는 중요한 매체로 자리 잡고 있다. 이러한 글들을 통해 독자들은 깊이 있는 통찰을 얻고, 사회적 논의를 활성화하는 데 이바지할 수 있다. 따라서 우리는 사설과 칼럼의 중요성을 인식하고, 이를 통해 더 나은 사회를 만들어가는 데 이바지해야 한다. 이러한 점에서 사설과 칼럼은 단순한 글이 아니라, 사회를 변화시키는 중요한 도구임을 잊지 말아야 한다.

신년기원
(新年祈願)

 새해가 밝았다. 1월은 새로운 시작을 알리는 특별한 달로, 많은 사람들이 새로운 목표를 세우고 다짐을 하는 시기다. 신년기원(新年祈願)의 마음으로, 이번 한 해를 어떻게 계획하고 실행할지를 고민해 보는 것은 매우 중요하다.
 1년의 계획을 세우는 일은 자기 성찰의 기회를 제공하며, 지난 한 해를 돌아보면서 어떤 성과를 이루었는지, 어떤 어려움을 겪었는지를 되짚어보는 과정이다. 계획을 세우는 일은 자신을 이해하는 데 큰 도움이 된다. 이러한 성찰을 통해 우리는 자신의 강점과 약점을 파악하고, 이를 바탕으로 더 나은 목표를 설정할 수 있다. 또한, 명확한 목표가 있을 때, 우리는 그 목표를 향해 나아갈 수 있는 동기를 부여받게 된다. SMART 원칙(구체적, 측정 가능, 달성 가능, 관련성, 시간 제한)을 활

용하여 목표를 설정하면 보다 실현 가능하고 구체적인 계획을 세울 수 있다. 예를 들어, "올해는 건강을 위해 매주 3회 운동하기"와 같은 구체적인 목표는 실천 가능성을 높여준다.

더불어 계획을 세우는 과정은 자신에게 책임을 부여하는 기회이기도 하며, 목표를 설정하고 이를 기록함으로써 우리는 스스로에게 약속을 하게 된다. 이 약속은 지속적인 동기를 제공하며, 목표 달성을 위한 행동을 취하도록 유도한다. 정기적으로 자신의 진행 상황을 점검하는 것은 목표에 대한 책임감을 더욱 강화시킨다. 1년의 계획을 세우는 것은 변화의 시작을 의미하며, 새로운 목표를 설정하고 이를 향해 나아가는 과정은 우리에게 성장의 기회를 제공한다. 변화는 두려운 것이 아니라, 우리를 더 나은 방향으로 이끌어주는 중요한 요소이므로, 이 시기를 통해 자신을 발전시키고 새로운 도전을 받아들이는 것이 중요하다. 결론적으로, 1년의 계획을 세우는 시기는 단순한 시간의 흐름을 넘어 자기 성찰과 목표 설정, 책임 부여, 변화의 기회를 제공하는 중요한 순간이므로, 이를 잘 활용하여 더 나은 자신을 만들어가는 한 해가 되기를 바란다.

신년기원이라는 마음으로, 1년의 계획을 세심하게 준비하고 실행해 나간다면, 올해는 더욱 의미 있고 성공적인 한 해가 될 것이다. 1년의 계획을 세울 때, 가장 중요한 것은 그 계획을 꼼꼼하게 세우는 것이다. 목표를 설정하는 것뿐만 아니라, 그 목표를 달성하기 위한 구체적인 실행 계획을 마련해야 한다. 예를 들어, 1년 동안 이루고자 하는 목표를 월별로 나누어 각 달마다 집중해야 할 사항을 정리하는 것이 좋다. 이렇게 하면 한 달 한 달의 작은 성공이 모여 결국 1년의 큰 성공으로 이어질 수 있다.

하지만 계획은 가변적일 수 있으므로, 예상치 못한 상황에 대처할 수 있도록 여유를 두고 계획하는 것이 필요하다. 계획을 수정할 때 주의해야 할 점은 다음과 같다. 목표의 일관성을 유지해야 하며, 수정하는 계획이 원래의 목표와 일치하는지 확인해야 한다. 구체적인 데이터 분석이 필요하고, 진행 상황을 점검할 때 수집한 데이터를 기반으로 수정해야 한다. 유연성을 유지하고, 너무 경직된 태도를 피하며 다양한 대안을 고려하는 것이 좋다. 실행 가능성을 검토해야 하며, 수정된 계획이 실제로 실행이 가능한지 자원, 시간, 인력 등을 고려하여 현실적인 계획으로 수정하는 것이 중요하다. 피드백을 수집하는 것도 중요하며, 다른 사람의 의견이나 피드백을 통해 더 나은 방향으로 수정할 수 있다. 단계적 접근이 필요하고, 큰 변화를 한 번에 시도하기보다는 작은 단계로 나누어 점진적으로 수정하는 것이 효과적이다. 마지막으로, 정기적인 점검을 통해 수정한 계획이 잘 작동하는지 확인하고 필요시 추가적인 수정을 고려해야 한다. 이러한 점들을 고려하여 계획을 수정하면 목표 달성에 더 효과적으로 접근할 수 있다.

효과적인 목표 달성을 위한 일일 계획 작성 팁은 우선순위를 정하는 것에서 시작된다. 하루의 시작에 가장 중요한 작업을 식별하고 우선순위를 매기는 것이 좋다. 큰 목표는 작은 작업으로 나누어 구체적으로 계획한다. 예를 들어, "책 읽기"라는 목표를 "하루에 20페이지 읽기"로 세분화할 수 있다. 또한, 특정 작업을 수행할 시간을 정해 놓고 그 시간 동안 집중하는 것이 중요하다. 오전 9시부터 10시까지는 이메일 확인, 10시부터 11시까지는 프로젝트 작업 등으로 나누는 방식이 효과적이다. 집중력을 유지하기 위해 일정한 간격으로 짧은 휴식을 포함시키는 것도 좋은 방법이다. 예를 들어, 25분 작업 후 5분 휴식하는 '포모도로 기법'을 활용할 수 있다. 하루가 끝난 후에는 수행한 작업을 검토하고 성과를 평가하는 일일 리뷰를 통해 어떤 부분이 잘되었고, 어떤 부분이 개선이 필요한지 분석하여 다음 날 계획에 반영하는 것이 중요하다. 마지막으로, 목표 달성을 위한 동기부여 요소를 포함시키는 것도 도움이 된다. 특정 작업을 완료했을 때, 자신에게 작은 보상을 주는 방법을 통해 동기를 유지할 수 있다. 이러한 팁들을 활용하여 일일 계획을 작성하면, 목표 달성에 더 효과적으로 접근할 수 있을 것이다.

1월은 새로운 시작을 알리는 달이다. 새해의 첫날, 우리는 새로운 목표와 다짐으로 가득 차 있다. 그러나 1월은 단순히 시작하는 달에 그치지 않는다. 이 시기는 또한 지난 한 해를 돌아보고, 그동안의 성과를 반성하며 스스로를 칭찬하는 성찰의 시간이다. 지난해의 경험은 우리에게 소중한 교훈을 주었고, 그 속에서 우리는 성장할 수 있었다. 기쁨과 슬픔, 성공과 실패가 얽힌 지난날의 이야기를 되새기며, 우리는 더 나은 미래를 향해 나아갈 수 있는 힘을 얻는다. 이제 우리는 새로운 가능성으로 가득 찬 1월을 맞이하며, 과거의 발자취를 소중히 여기고, 앞으로 나아갈 길을 다짐한다. 신년기원이라는 마음으로, 1년의 계획을 세심하게 준비하고 실행해 나간다면, 올해는 더욱 의미 있고 성공적인 한 해가 될 것이다. 모든 이들이 건강하고 행복하며, 원하는 목표를 이루기를 기원한다.

이월찬가
(二月讚歌)

　변화하기 위한 아름다움과 사랑의 2월을 찬양한다. 2월은 시작하는 1월을 다져주고, 3월에게는 봄을 맡기는 역할을 한다. 겸손하게 30일을 다 채우지 않고 며칠을 모자라게 남겨두어 겨울의 끝자락에서 봄을 재촉하는 듯한 느낌을 준다. 2월은 한 해의 전환점으로, 차가운 바람 속에서도 따뜻한 햇살의 기운을 느낄 수 있는 때이다. 2월은 지나가는 겨울의 마지막 흔적을 지우고, 봄의 기운을 살짝 드러내는 달로서, 우리에게 새로운 시작을 준비할 시간을 준다. 이 짧은 기간 동안 우리는 겨울의 추위를 견디며, 따뜻한 봄을 기다리는 마음을 다잡는다. 또한 3월이 오면 만개할 들꽃을 위해 따스한 햇살이 대지를 데워, 땅 속 깊이에서 생명의 준비가 시작된다. 3월이 오면 만개할 들꽃을 위해서 모든 것이 새롭게 태어나는 듯한 기분을 느낄 수 있다.

따라서 2월은 단순히 지나가는 시간이 아니라, 한 해의 흐름 속에서 중요한 역할을 하는 달이다. 이 시기를 통해 우리는 겸손함을 배우고, 새로운 시작을 위한 준비를 할 수 있다. 2월이 지나고 3월이 오면, 우리는 다시 한번 생명의 소중함을 깨닫고, 따뜻한 봄을 맞이할 준비를 하게 된다.

그럼에도 불구하고, 2월을 찬양한 시인이나 2월을 소재로 글을 쓴 이는 드물다. 생각해보면 들뜬 마음으로 새해를 맞이하고 에너지를 소진하다 보니 2월은 지나간다. 정신없이 지내다 보면 명절이 자리하고 있고, 고개들어 보면 벌써 3월이다. 3월은 봄을 알리는 달로, 겨울의 끝자락에서 따뜻한 햇살과 함께 생명의 기운이 움트기 시작한다. 꽃망울이 터지고, 새싹이 돋아나는 모습은 만물의 탄생을 상징하며, 자연의 회복과 재생을 느끼게 한다. 4월은 T. S. 엘리어트가 "잔인한 달"이라 표현한 것처럼, 겨울의 기억을 되살리며 새로운 시작을 방해하는 듯한 복잡한 감정을 불러일으킨다. 그러나 그 속에서도 만물의 탄생을 찬양하는 기회가 주어지며, 변화의 필요성을 일깨운다. 5월은 계절의 여왕으로 불리며, 만물이 한창 자라고 피어나는 시기이다. 따뜻한 날씨와 함께 화려한 꽃들이 만개하고, 자연의 아름다움이 절정에 이르는 달이다. 6월은 여름의 시작으로, 짙은 초록과 맑은 하늘이 어우러지는 시기이다. 여름 방학이 다가오면서 즐거움과 설렘이 커지는 달이다. 7월은 그 유명한 시 이육사의 〈청포도〉가 생각이 난다.

거기에 비한다면 2월은 무엇을 시작하기도 어중간하고 자연에서 오는 아름다움을 느끼기에도 부족하다. 그러나 2월은 겨울의 끝자락에서 봄의 시작을 알리는 특별한 달이다. 차가운 바람 속에서도 따뜻한 햇살이 스며들기 시작하며, 자연은 서서히 생명을 되찾는다. 2월의 찬양은 이러한 변화의 아름다움을 담고 있다. 또한, 사랑의 상징처럼 느껴지는 발렌타인데이와 같은 특별한 날도 있다. 발렌타인데이는 1980년대 중반 일본에서 우리나라로 들어왔다. 일부에서는 젊은이들의 욕구를 악용하려는 상술이 빚어낸 그릇된 사회현상이라고도 비판하지만, 남녀가 특정일을 이용해서 서로의 마음을 솔직하게 고백하는 것은 그 자체로서 아름다운 일이라는 관념이 넓게 자리 잡았다. 유래를 잠깐 보자면, 3세기(269년) 로마시대로 거슬러 올라가야 한다. 당시 결혼은 황제의 허락 아래 할 수 있었는데, 발렌타인(Valentine)은 서로 사랑하는 젊은이들을 황제의 허락없이 결혼을 시켜준 죄로 순교한 사제의 이름이다. 그가 순교한 뒤, 이날을 축일로 정하고 해마다 애인들의 날로 기념하여 온다. 사랑하는 연인의 마음을 서로 확인하고, 사랑을 나누는 기회를 가지며, 사랑의 감정을 더욱 깊게 느끼게 한다. 곁들이자면 우리나라에도 '연인의 날'이 있었다. 경칩날에 정을 돋우고 싶은 부부나 사랑하고 싶은 처녀 총각이 은밀이 숨어서 은행을 나눠 먹었다고 한다. 『사시찬요(四時纂要)』에 보면 "은행 껍데기에 세모난 것은 수 은행이요, 두모난 것은 암 은행이다."라고 적고 있다. 은행나무는 암나무와 수나무가 있는데, 서로 마주 바라보고만 있어도 사랑의 결실이 오간다는 믿음이 있다.

예전 우리 선조들은 은행을 나누어 먹으면서 사랑을 약속했다면, 현대의 발렌타인데이는 단순한 초콜릿이나 꽃을 넘어, 개인의 창의성을 발휘할 수 있는 기회를 준다. DIY 선물, 특별한 경험을 공유하는 등 다양한 방법으로 사랑을 표현할 수 있다. 발렌타인데이를 기념하여 사랑과 친절을 주제로 한 캠페인이나 이벤트가 많이 열리며, 이는 사회 전반에 긍정적인 영향을 미칠 수 있다. 이로 인해 사랑과 연대의 메시지를 널리 퍼뜨리는 기회가 된다.

따라서 2월은 사랑과 새로운 시작, 그리고 변화하는 자연의 아름다움을 찬양하는 달이다. 이 특별한 2월을 통해 우리는 삶의 소중함을 느끼고, 앞으로 나아갈 힘을 얻어보자.

우호적(友好的) 무관심

얼마 전 직장에서 상사에게 충고를 들었다. 화려하게 입지 말라는 이야기였다. 평소 단정하게 입는 사람이라고 자부하던 터에 날벼락 같은 이야기였다. 참지 않고 되받아 말했다. "인정할 수 없습니다." 그러고 나서 꽤 긴 침묵이 흘렀다. 그녀는 다른 사람과 내가 헷갈렸다고 얼버무렸다. '그냥 내가 싫었구나!' 순간 생각했다. '무례함을 참아야만 직장생활을 잘하는 걸까?'

살아가는 동안 우리는 종종 '가까움'과 '거리' 사이에서 갈팡질팡한다. 너무 다가서면 숨이 막히고, 너무 멀어지면 마음이 시린 법이다. 직장 안에는 다른 세대의 사람과 다른 취향을 가진 많은 사람이 있다. 상사라는 이유만으로 타인의 취향마저 일일이 간섭한다면 숨이 막히지 않을까? 그래서 '나와 다른 상대에게 우호적 무관심을 가져보자.'라고 말하고 싶다. 서로를 억압하지 않으면서도, 결코 무심하지 않은 거리. 다정한 무관심.

하나의 예를 들자면, 퇴직 이후 '종일' 함께해야 하는 부부들에게 이 '우호적 무관심'은 중요한 삶의 기술이 된다. 젊은 시절에는 일과 육아, 사회생활이 자연스러운 간격을 만들어 주었다. 그러나 퇴직 후에는 그 간격이 사라지고, 서로의 존재가 생활의 전면으로 떠오른다. 서로 다른 취향, 서로 다른 생활 리듬, 심지어 서로 다른 방식의 말을 걸기조차 갈등의 불씨가 된다. 이럴 때 필요한 것은 억지로 '하나'가 되려는 노력이 아니다. 오히려 일정한 거리를 인정하고, 그 틈을 여유롭게 채워주는 마음이다. 누군가 늦게 자고 늦게 일어난다면, 그 시간만큼 조용히 나만의 책을 읽을 수 있다. 누군가 여행을 싫어한다면, 함께 가야 한다는 부담 대신, 돌아올 이에게 여행의 이야기를 들려줄 자유를 선물할 수 있다.

최근 몇 년 사이 퇴직과 함께 '졸혼'한다는 얘기가 심심찮게 들려온다. 부부라는 이름은 유지하되 각자의 삶을 사는 방식이다. 때로는 필요하고, 때로는 구원일 수 있다. 그러나 졸혼이라는 단어에는 어딘가 '포기'와 '단절'의 냄새가 묻어난다. 나는 그보다는 '우호적 무관심'을 택하자고 말하고 싶다. 완전히 등을 돌리는 대신, 거리를 두되 따뜻한 시선을 유지하는 것. 각자의 시간을 누리되, 여전히 필요할 때 곁에 있을 준비를 하는 것.

우호적 무관심은 무심함이 아니다. 오히려 상대의 고유한 리듬을 존중하는 마음, 자유를 보호하는 품격이다. 상대를 내 기준에 맞추려 하지 않고, 자신도 억지로 누군가에 맞추지 않는다. 그 대신 서로의 다름을 인정하고, 때로는 '다름' 자체를 사랑한다.

이것은 부부 사이뿐 아니라, 사회 전체에도 필요한 태도다. 세상은 점점 빠르게, 다양하게 변한다. 다양한 바람을 가진 사람들이 계속 늘어나는 지금, 직장 내 분위기 또한 과거처럼 일방적일 수 없다. 우리는 직장에서 업무와 직접 관련된 부분에서는 냉정하고 명확해야 한다. 그러나 그 이외의 영역, 예를 들어 옷차림, 사적인 취향, 조용한 말투나 약간 다른 생활 습관 같은 부분에서는 굳이 간섭할 필요가 없다. 오히려 적당한 무관심과 우호적 관심을 주는 것이 건강한 조직 문화를 만든다.

누군가는 회색을 좋아하고, 누군가는 무채색 속에서 자기만의 개성을 찾는다. 누군가는 말이 많고, 누군가는 말이 적다 우리는 업무의 완성도에서만 강렬하게 연결되고, 그 밖의 것에서는 다정하게 거리를 둘 수 있어야 한다. 개인의 개성과 자유를 존중하면서도, 필요한 부분에서는 냉정하게 협력할 줄 아는 문화. 이것이 현대 직장에 필요한 진짜 성숙이다.

우호적 무관심은 거리를 둔다. 하지만 그 거리는 사랑을 닫는 벽이 아니라, 숨 쉴 틈을 주는 창이다. 나도 나를 지키고, 상대도 그 자신으로 남게 하는 거리다. 그렇게 지켜진 거리 위에서, 우리는 다시 다정할 수 있다.

우리는 모두 서로에게 간섭당하지 않고 싶어 하면서도, 막상 누군가 내 삶을 아무렇지 않게 넘어서는 순간 서운함을 느낀다. 간섭은 싫지만, 무관심도 싫은 것이다. 그래서 더욱 필요한 태도가 우호적 무관심이다. 관여하지 않지만 지켜보는 것. 억압하지 않지만 지지하는 것. 다그치지 않지만 응원하는 것.

특히 오래된 관계일수록, 그리고 다양한 성향이 뒤섞인 조직일수록 이 태도는 관계를 유지하는 중요한 열쇠가 된다. 우호적 무관심은 상대에게 책임을 전가하지 않고, 자신의 책임을 지는 성숙한 자세이기도 하다.

결국, 사람과 사람 사이를 지탱하는 것은 완벽한 이해가 아니다. 조금씩 어긋나면서도 끈을 놓지 않는 인내이고, 서로 다른 자유를 존중하면서도 애정을 버리지 않는 꾸준함이다.

헤어짐보다는 서로에게 우호적 무관심을 가져보는 건 어떨까? 포기보다는 다정한 거리두기를 하고, 냉소보다는 조용한 연대를 택할 수 있다면. 그리고 직장 내에서도 불필요한 간섭은 줄이고 업무에 필요한 신뢰와 집중만을 강렬히 공유할 수 있다면, 우리는 서로를 조금 덜 아프게, 조금 더 깊게 지켜낼 수 있을 것이다.
그리고 결국 그렇게 지켜낸 삶들은 더 단단하고 자유로워질 것이다.

몰입 독서

　이제껏 필자가 제시한 독서의 방법은 책을 많이 접한 어른들이 습관을 들이기에 적합한 독서법이다. 반면에 아이에게는 몰두할 수 있는 다른 방법이 필요하다고 생각한다. 그 방법 중의 하나로 '몰입 독서'를 추천한다.

　부모들의 독서법이 '책 읽는데' 집중했다면, '몰입 독서'는 '책 읽은 효과'에 더 집중한다. 특히 문해력을 키우는 데 좋은 독서 방법이다. 책을 읽을 때 매우 집중해서 시간의 흐름을 느끼지 못할 정도로 책의 내용에 깊이 관여하는 것이다. '몰입 독서'는 누구나 할 수 있는 독서 방법이긴 하나, 학교나 단체에서 학생들이 함께할 수 있는 효과적인 독서법으로 추천한다. 처음에는 책에 완전히 몰입하는 것이 힘들 수도 있지만, 반복을 하다 보면 점차 몰입하는 시간도 늘어나고, 몰입에 도달하는 시간도 빨라진다. 어떤 일이든 한순간에 되는 것은 없다. 몰입 독서도 꾸준한 훈련과 인내심이 필요하며, 즐거워야 '몰입 독서'의 정점에 도달할 수 있다. 그러기 위해서는 흥미에 맞는 책, 쉽게 읽히는 책을 선택하는 것이 좋다.

독서 수업하면서 '몰입 독서'로 수업을 한 경험이 있다. '몰입 독서'란 "한 번에 3~4시간 이상 여러 명이 한 장소에 모여 책읽기를 하는 활동"을 말한다. 한 번에 3~4시간 이상'을 해야 하는 이유는 자투리 시간에 책을 읽으면서 흥미를 느끼거나 몰입하는 것은 성인에게도 불가능한 일이기 때문이다. 더구나 요즘처럼 인터넷이나 다른 흥미로운 활동이 너무 많은 상황이라면 더욱 그렇다. 그러니 초·중등 아이들이 자투리 시간에 책을 읽어 흥미를 느끼고 자발적으로 독서를 시작하는 것은 거의 불가능할 것이다. 또 아이들이 책을 읽지 않는 이유 중 하나로 '읽을 시간이 없기' 때문이다. 이의 해결방안으로 3시간 이상 책 읽을 시간을 길게 내게 하는 것이다. 그 효과가 분명 있다.

"긴 시간을 읽으면 뭔가 해냈다는 느낌이 들고, 또 실제로 책 속 세계에 빠지는 데도 부담이 없다. 게다가 책을 잘 못 읽는 아이가 긴 시간 몰입해서 책을 읽었다는 섬에 부모들도 만족할 수 있다. 쉬는 시간을 주고 놀이터에 나가 몸을 풀어주는 중간 과정이 있어 긴 시간 책을 읽어도 지지치 않는다."

자투리 시간이 아니라, 시간을 정해서 책을 읽으면 아이는 책을 쫓기듯 읽지 않고 여유롭게 음미하면서 읽을 수 있다. 그러므로 책을 읽고 생각할 줄 아는 아이를 원한다면, 우선 책을 읽는 시간부터 확보하는 것이 필요하다. 대부분의 많은 과학자나 유명 예술가들도 모두 몰입의 상태에서 연구하고 창작했다고 한다.

'몰입 독서'는 왜 여러 명이 한 장소에 모여 하는가에 대해 생각해 보자면, "혼자 읽는 것이 아니라, 친구들과 이왕이면 선후배와 한 공간에서 읽으면 더 좋다. 친구들 간에는 간혹 경쟁심이 생겨 자기와 맞지 않아도 수준 높은 책을 고르는 경우가 있기 때문이다. 아이들은 누군가와 같은 활동을 할 때 활력이 생긴다. 비교·경쟁하는 것이 아니라면 협력까지는 아니어도 동조 현상이 생긴다. 교사나 부모가 책을 제대로 읽지 않는다고 지적하면 반발하는 아이들도, 옆의 선후배가 몰입해서 읽는 모습을 보면 힘들어도 참고 책을 읽을 수 있다."

또한, 같은 공간에서 나와 같이 책을 읽는 사람이 있다는 것은 무엇인가 공통의 일을 하고 있다고 느끼게 해서 심리적으로 쫓기지 않는다. 그래서 '몰입 독서'에서는 가능하면 도서관처럼 모르는 사람들과 함께 읽는 것보다는 친구들 또는 선후배와 함께 읽는 것이 좋다. 어린이가 환영받고 있고 격려받는다고 느끼는 안전하고 지원하는 도서 환경에서는 독서에 대한 불신이 일어나지 않는다. 관심사에 맞는 책을 제공하고, 적극적인 참여 기회를 제공하면 신뢰를 쌓는 데 도움이 되며, 긍정적인 피드백을 제공한다. 책 두께나 속도를 비교하며 은근히 경쟁하는 경향도 있다.

수잔 와이즈 바우어는 『독서의 즐거움』에서 독서는 지독한 훈련이라고 했다. 그래서 독서는 스스로 자발적인 취향으로 자리 잡히기까지는 오랜 훈련된 시간이 있어야 한다. 그러한 훈련을 통해 습관으로 이어지자면 중요한 전제는 독후활동이나 후에 진행되는 프로젝트 시간을 최소화해야 한다.

독서에 목적이 강조되면 독서의 즐거움을 잃게 된다. 독후활동을 하면 책이 재미없어지고 스트레스를 받기 때문이다. 무엇보다 독후활동이 지나치면 그 때문에 독서의 즐거움을 잃기 때문이다. 독후활동으로 인해 독서 자체가 소홀해지고 있는 것도 심각한 문제다. 독서와 독후활동이 주객전도되었다는 것을 경험적으로 너무나 잘 알고 있다. 독후활동을 최소화하면 아이들은 긴 시간 몰입해서 읽을 수 있고 재미를 느낄 수 있다.

책을 읽는 방법에 왕도가 있을 수는 없겠다. 하지만 성장하는 아이에게 나은 환경과 시간을 제공하여 독서의 길을 알게 해 준다면 '미래 세대에게 줄 수 있는 가장 큰 선물'이 아닐까 생각한다.

비 오는 날,
책장이 더 잘 넘어가는 이유

비가 내리는 날이면 책을 읽고 싶어진다. 마음이 괜스레 차분해지고, 낯익은 책장도 새롭게 느껴진다. 많은 사람이 "비 오는 날엔 책이 더 잘 읽힌다."라고 말하지만, 이 감각은 단지 기분 탓만은 아니다.

실제로 빗소리는 우리의 뇌파에 영향을 준다. 규칙적이고 부드러운 자연의 소리는 '화이트 노이즈'로 분류되는데, 이는 집중력을 높이고 긴장을 완화하는 효과가 있다. 2019년 Frontiers in Human Neuroscience에 실린 연구에 따르면, 이러한 소리는 알파파와 세타파를 활성화시켜 뇌를 안정된 상태로 이끈다. 책을 읽을 때 빗소리가 유독 잘 어울리는 건, 그 소리 자체가 독서에 어울리는 '배경음'이 되어주기 때문이다.

날씨가 흐리고 비가 오는 날에는 우리의 기분과 행동에도 변화가 생긴다. 네덜란드 에라스뮈스대학교 심리학과 연구진은 흐린 날씨가 사람의 정서를 보다 내향적으로 만든다고 분석했다. 외부 활동에 대한 흥미가 줄고, 사색이나 글 읽기 같은 내면적 활동에 자연스럽게 몰입하게 된다는 것이다.

이러한 심리적 배경은 실제 행동으로도 이어진다. 2021년 국내의 한 대형 온라인서점이 발표한 자료에 따르면, 비가 오는 날에는 도서 구매량이 눈에 띄게 증가하는 경향이 있다. 특히 문학, 철학, 에세이 등 감성적이고 사유 중심의 장르 판매가 평소보다 평균 17% 이상 늘어난 것으로 나타났다. 비가 사람들의 마음을 사색 쪽으로 기울게 만든다는 방증이다.

비 오는 날, 우리는 외출을 미루고 실내에 머문다. 자연스럽게 고요한 시간과 마주하게 되고, 그 시간 속에서 책은 조용히 제자리를 찾아온다. 울산의 도서관이나 미술관, 조용한 찻집들은 그런 날 더욱 제빛을 낸다. 빗소리를 배경 삼아 책장을 넘기는 그 모습은 어쩌면 가장 평화로운 일상의 한 장면인 것이다.

최근 울산에도 책을 위한 공간이 하나둘 생겨나고 있다. 태화강 국가 정원 옆에 자리한 울산시립도서관은 통창 너머로 내리는 빗줄기를 바라보며 조용히 책을 읽기 좋은 장소다. 2층 열람실 한쪽, 따뜻한 조명 아래 앉으면 문장 하나하나가 창밖 풍경과 겹친다. 울산문화예술회관 미술관에 들러 전시를 본 뒤, 같은 건물 안의 카페에서 커피 한 잔과 함께 펼치는 시집 한 권도 제법 근사하다. 사람 소리가 작고, 공간이 넓어 비 오는 날의 적막함이 오히려 위로가 된다.

최근 문을 연 울산 종갓집 도서관은 고택의 숨결을 간직한 채, 독서를 위한 새로운 안식처로 떠오르고 있다. 전통 한옥의 마루에 앉아, 앞마당으로 떨어지는 빗방울을 바라보며 읽는 책은 도시의 독서와는 또 다른 감각을 선사한다. 기왓장 위로 맺히는 빗물, 옛 창살을 타고 흐르는 바람, 그리고 잉크 냄새. 모든 것이 문장 속으로 스며든다.

또한, 남구 신정동의 별빛도서관, 북구의 매곡도서관, 울주군의 웅촌작은도서관 등 크고 작은 공공도서관들이 각 지역에 고르게 자리하고 있다. 동네의 도서관은 비 오는 날 걸어서 들르기 가장 좋은 쉼터이자, 언제든 다시 오고 싶은 작은 여행지다.

무라카미 하루키는 "비 오는 날, 가장 듣기 좋은 음악은 책 속의 문장"이라 말했다. 빗소리는 문장의 여백을 더 깊게 만든다. 삶의 속도를 늦추고 싶을 때, 마음을 다잡고 싶을 때, 우리는 비 오는 날을 기다리는지도 모른다.

그 감성을 깊게 받아들였던 이가 바로 버지니아 울프였다. 그녀는 "창밖에 비가 내리는 날, 글을 쓰고 책을 읽는 이 시간이야말로 삶의 본질이라 느낀다."라고 말했다. 『자기만의 방』 속에서 울프는 여성이 글을 쓰는 데 필요한 최소한의 조건으로 '자기만의 방'과 '조용한 시간'을 들며, 빗소리 가득한 오후의 사색을 그려냈다. 그녀에게 비는 외부로부터의 간섭을 차단하고, 오직 자기 자신과 마주하게 해주는 보호막이었다.

알랭 드 보통 역시 『여행의 기술』에서 "비는 마음의 창문을 연다. 독서는 그 창을 통해 들어오는 빛이다."라고 썼다. 그는 여행과 철학, 감정의 흐름을 탐색하는 가운데, 고요한 날씨와 사유의 상관관계를 자주 언급했다. 빠르게 지나치는 풍경보다, 빗속에 멈춰 선 순간에야 비로소 책이 말을 걸어온다고 말한다.

다음번 비가 오는 날엔 우산보다 책 한 권을 먼저 챙겨보자. 책과 빗소리, 그리고 한 줌의 여유. 그 조합은 울산의 어느 오후를 조용히 낭만으로 물들일 것이다.

책은 늙지 않는다

나이가 들수록 몸은 느려지고, 기억은 조금씩 희미해진다. 하지만 인간의 두뇌는 사용하기를 멈추지 않는 한, 여전히 변화하고 성장할 수 있다. 그 변화의 촉매가 바로 '독서'다.

미국 예일대학교 공중보건대학원의 연구에 따르면, 정기적으로 책을 읽는 노인은 그렇지 않은 사람보다 평균 수명이 2년 정도 길다. 특히 신문이나 잡지보다 '서사 구조를 가진 책'을 읽는 것이 더 효과적이었다. 연구진은 독서가 인지능력을 자극하고, 공감 능력과 사고력, 언어활동을 유지시킨다고 설명한다.

또한, 독서는 치매 예방에도 유의미한 효과가 있다. 미국 시카고 러

시대학교 메디컬센터의 '러시 메모리와 노화 프로젝트'에서는 70세 이상 노인을 대상으로 6년에 걸친 연구를 진행했다. 그 결과, 책을 자주 읽고 글을 쓰는 등의 인지 활동을 꾸준히 한 노인은 그렇지 않은 노인에 비해 치매 발병 위험이 32% 낮았다.

노년기의 독서는 단순히 뇌를 자극하는 데서 그치지 않는다. 사회적 연결이 느슨해지고, 일상의 역할이 줄어드는 시기, 책은 내면의 풍경을 넓히고 고립감을 완화하는 정서적 방패가 되어준다. 글을 읽는 동안 외로움은 잠시 물러나고, 타인의 삶과 언어를 통해 새로운 관계가 맺어진다. 독서는 노년의 사유를 더욱 깊고 부드럽게 만들어 주는 정신의 산책이기도 하다.

특히 감정 조절 능력과 자존감을 유지하는 데에도 독서가 긍정적인 영향을 준다. 심리학자들이 말하는 '인지적 예비력(cognitive reserve)'이란 개념은 오랫동안 지적 활동을 해온 사람이 뇌세포 손실에도 불구하고 기능을 더 오래 유지할 수 있다는 이론이다. 책을 꾸준히 읽는 노인은 뇌에 더 많은 '인지적 예비력'을 비축해 둔 사람이라 할 수 있다.

그리고 무엇보다, 독서는 삶의 의미를 다시 찾는 일이다. 퇴직 후,

자녀 독립 후, 사회적 역할이 줄어든 자리에 생긴 빈틈을 책이 채워준다. 읽고 쓰며, 과거를 반추하고 미래를 상상하고, 지금의 나를 단단히 붙잡는다.

성공한 이들 가운데서도 나이 든 지금까지 독서를 삶의 중심에 두는 사람이 많다.

워런 버핏은 "나는 매일 500페이지를 읽는다. 그것이 지식이 쌓이는 방식이다. 복리처럼!"이라고 말했다. 그는 여든이 넘은 지금도 하루의 대부분을 책을 읽는 데 할애하며, 읽는 시간이야말로 인생 최고의 투자라고 강조한다. 독서는 정보를 얻기 위한 수단을 넘어, 사고의 속도를 늦추고 본질을 들여다보게 하는 도구라는 것이다.

빌 게이츠 또한 "책을 읽는 시간은 내 인생에서 가장 사치스럽고 소중한 시간"이라고 했다. 그는 해마다 50권 이상의 책을 꾸준히 읽으며, 독서를 통해 세상을 더 깊이 이해하고 있다고 밝힌다. 은퇴 후에도 책과 가까이 지내겠다는 그의 계획은 나이가 들어서도 배움과 사색을 멈추지 않겠다는 의지의 표현이기도 하다.

그들에게 독서는 젊은 시절의 성공을 만든 도구이자, 노년을 지혜롭게 살아내는 방패다. 우리는 책을 통해 삶의 방향을 조정하고, 마음의 평형을 유지한다. 늙지 않기 위해서가 아니라, 나이 들수록 더욱 깊어지기 위해 책을 읽는 것이다.

나이 들수록 독서가 사치가 아니라 필수가 되는 이유. 그건 책이 늙지 않기 때문이다. 책은 언제나 지금을 말하고, 지금의 나를 위로한다.

책을 읽는다는 건, 타인의 삶을 빌려 잠시 나의 세계를 확장하는 일이다.
사람 대신 문장을 만나고, 소음 대신 생각을 듣는다.
손에 닿는 종이의 감촉, 단어 사이의 숨결, 문장 뒤에 머무는 여운.
그것들이 마음의 주름을 천천히 펴준다. 책은 나를 재촉하지 않는다. 그냥, 조용히 함께 있어 준다.

책을 읽는 노인은 고요하되 비지 않는다. 혼자이되 고립되지 않는다.
그들의 얼굴에는 산산한 문장 하나쯤 새겨져 있다.
그건 살아온 시간보다 더 깊은 세계에서 건져 올린 문장의 흔적이다.

우리는 나이가 들수록 무언가를 비워내야 한다고 배운다.
하지만 사실은 더 많이 채워야 한다. 책으로, 말로, 기억으로, 그리고 따뜻한 문장으로.
그래야 외롭지 않을 자유를 얻을 수 있다.

노년의 독서는, 살아 있는 감정을 유지하는 마지막 예의다.
살아 있기에 아직도 알고 싶고, 느끼고 싶고, 사랑하고 싶은 것이다.
그래서 우리는 책을 읽는다. 오늘도 아주 조용히.
그리고 함께 읽는다. 누구보다 깊고 따뜻하게.

부록

어른의 맞춤법
품격 있는 글을 위한 언어 훈련

실전 맞춤법 50가지

어른의 맞춤법 – 말과 글의 품격을 지키는 일

문법이나 띄어쓰기 같은 이야기가 때로는 사소하게 느껴질 수 있지만, 언어는 곧 사람의 얼굴이다. 수업을 하면서 늘 느낀다. 맞춤법은 단순한 규칙이 아니라, 서로를 존중하는 방식이자 글의 품격을 지키는 최소한의 예의라는 것을.

맞춤법은 문해력의 기본이다.

서울대학교 민현식 교수는 〈한글 맞춤법 교육의 체계화 방안〉이란 논문에서, 우리나라가 국민 평균의 단순 문맹률은 낮지만, 독서력과 연계된 맞춤법 교육이 체계적으로 이루어지지 않아 고학력자일수록 문서 문해력이 낮게 나오는 역설적인 현상을 지적한 바 있다.

그리고 나는 덧붙이고 싶다. 언어는 계속 변한다. 그래서 꾸준히 쓰고, 활용하고, 또한 변화된 형태를 받아들여야 한다. 그러나 그렇다고 해서 누구나 임의로 바꾸고 마음대로 써도 된다는 뜻은 아니다. 언어는 약속이다. 변한 단어를 우기며 혼자만의 방식으로 쓴다고 해서 그것이 곧 사회적 언어가 되지는 않는다. 소통을 위한 언어는 개인의 표현이기 전에 공동체의 질서이기 때문이다.

이 장에서는 어른들이 자주 틀리는 맞춤법을 함께 살펴보려 한다. 남을 가르치려는 마음이 아니라, 우리 모두 글을 통해 더 나은 자신을 보여줄 수 있기를 바라는 마음으로.

1. 되다

예) 밥이 돼 간단히 먹었어. (O) / 밥이 되 간단히 먹었어. (X)
설명: '되다'가 '되어'로 바뀔 수 있으면 '돼'로 써야 해요.

2. 안 되다

예) 지금은 안 돼, 나중에 하자. (O) / 지금은 안되, 나중에 하자. (X)
설명: 부정 + 되다의 조합은 띄어 써야 해요.

3. -(으)로서 / -(으)로써

예) 선생님으로서 책임을 다했어요. (O)

설명: 자격이면 '로서', 수단이면 '로써'예요.

4. 어떡해 / 어떻게

예) 아, 진짜 어떡해! (O) / 아, 진짜 어떻게! (X)

설명: '어떻게 해'의 줄임말이 '어떡해'예요. 감탄할 때는 이 표현을 써야 해요.

5. - 는군요 / -군요

예) 오늘 날씨가 춥군요. (O) / 오늘 날씨가 추는군요. (X)

설명: '-는군요'는 동사, '-군요'는 형용사에 써야 해요.

6. -던 / -든

예) 네가 가던 길로 다시 가. (O) / 네가 가든 길로 다시 가. (X)

설명: 과거의 경험은 '-던', 선택이나 조건은 '-든'이 맞아요.

7. 예요 / 이에요

예) 책상이에요, 아이예요.

설명: 받침이 있으면 '이에요', 없으면 '예요'.

8. 몇일 / 며칠

　　예) 며칠 전에 봤어요. (O) / 몇일 전에 봤어요. (X)
　　설명: 날짜를 물을 때는 '며칠'이 맞아요.

9. 햇빛 / 햇살

　　예) 오늘은 햇빛이 따뜻하네. (O)
　　설명: '햇빛'은 태양빛, '햇살'은 감성적인 표현이에요.

10. 설레이다 / 설레다

　　예) 마음이 설레어요. (O) / 설레이어요. (X)
　　설명: 원형은 '설레다'예요. '설레이다'는 비표준어예요.

11. 않다 / 안다

　　예) 그는 가지 않았다. (O) / 그는 가지 안았다. (X)
　　설명: '않다'는 부정, '안다'는 '알다'의 의미예요.

12. 맞히다 / 맞추다

　　예) 정답을 맞혔다. 옷을 맞췄다.
　　설명: '정답'은 맞히다, '크기'나 '옷'은 맞추다예요.

13. 가르치다 / 가리키다

예) 학생을 가르치다. 방향을 가리키다.

설명: 교육은 '가르치다', 방향은 '가리키다'예요.

14. 그저 / 그제

예) 그저 그런 하루였다. 그제 만났어요.

설명: '그저'는 단순함, '그제'는 시간 표현이에요.

15. 걷히다 / 걷어지다

예) 안개가 걷히다. 빨래가 걷어지다.

설명: 날씨는 '걷히다', 물건은 '걷어지다'예요.

16. 왠지 / 웬

예) 왠지 슬프다. 웬 떡이냐.

설명: '왠지'는 이유, '웬'은 의문 형용사예요.

17. 밖에 / 밖에

예) 밥밖에 없다. 밖에 나가자.

설명: 부정은 조사 '밖에', 장소는 부사 '밖에'예요.

18. 던지 / 든지

예) 어디 갔던지 모르겠어. (X) / 어디 갔는지 모르겠어. (O)

설명: '든지'는 선택, '던지'는 과거 추측 상황에 써요.

19. 낫다 / 낮다

예) 감기가 나았다. 산이 낮다.

설명: '낫다'는 병이나 상태 회복, '낮다'는 높이 관련이에요.

20. 맞다 / 맞추다

예) 정답이 맞다. 시간에 맞추다.

설명: '맞다'는 일치, '맞추다'는 조정의 의미예요.

21. 들르다 / 들리다

예) 집에 들르다. 소리가 들리다.

설명: '들르다'는 장소에 잠시 머무름, '들리다'는 청각이에요.

22. 새우다 / 세우다

예) 밤을 새우다. 차를 세우다.

설명: '새우다'는 밤을 보내는 것, '세우다'는 멈추게 하는 것이에요.

23. 이따가 / 있다가

예) 이따가 보자. 있다가 나왔어.

설명: '이따가'는 조금 후, '있다가'는 상태 이후 행동이에요.

24. 든 / 된

예) 감동이 든 이야기. 맛있는 된장찌개.

설명: '된'은 형용사 수식, '든'은 감정이나 느낌이에요.

25. 하늘을 / 하늘에

예) 하늘을 올려다보다. 하늘에 떠 있다.

설명: '~을'은 목적어, '~에'는 위치 표현이에요.

26. 한참 / 한창

예) 한참을 기다렸다. 꽃이 한창이다.

설명: '한참'은 시간의 길이, '한창'은 절정 상태를 의미해요.

27. 않는 / 안는

예) 그는 말하지 않는 사람이다. (O) / 그는 말하지 안는 사람이다. (X)

설명: '않다'는 부정의 의미로 '않는'이 맞아요.

28. 늘이다 / 늘리다

예) 줄을 늘이다. 시간을 늘리다.

설명: '늘이다'는 물리적 길이, '늘리다'는 범위나 양이에요.

29. 먹을래 / 먹을레

예) 나도 먹을래. (O) / 나도 먹을레. (X)

설명: '~할래'가 맞는 표현이에요.

30. 뵈요 / 봬요

예) 내일 뵙겠습니다 → 내일 봬요.

설명: '뵈다'는 '보다'의 높임말로 '봬요'가 맞아요.

31. 내로 / 이내

예) 1시간 이내 도착. (O) / 1시간 내로 도착. (X)

설명: 시간 한정은 '이내'가 맞아요.

32. 제 / 저의

예) 제 이름은 장하영입니다. (O)

설명: '저의'는 격식, 구어체에서는 '제'가 일반적이에요.

33. 든가 / 던가

예) 밥이든가 빵이든가 골라. (O)

설명: '든가'는 선택, '던가'는 과거 회상이에요.

34. 밖에 / 말고

예) 밥밖에 없어. 김밥 말고 다른 거.

설명: '밖에'는 부정 포함, '말고'는 제외의 의미예요.

35. 이랑 / 이나

예) 나랑 너랑. 사과나 배나.

설명: '~이랑'은 사람, '~이나'는 선택이에요.

36. 그러고 / 그리고

예) 그러고 나서 갔다. 그리고 그는 말했다.

설명: '그러고'는 동작 연결, '그리고'는 문장 연결이에요.

37. 안 / 않

예) 안 먹는다. 먹지 않는다.

설명: '안'은 부정 부사, '않'은 동사 '않다'의 활용이에요.

38. 금세 / 금새

예) 금세 도착했어. (O) / 금새 도착했어. (X)

설명: '금세'는 '금시에'의 줄임말이에요.

39. 간지럽히다 / 간질이다

예) 등을 간지럽히다. 턱을 간질이다.

설명: '간지럽히다'는 자극, '간질이다'는 감성적 표현이에요.

40. 누나 / 누님

예) 내 누나, 김 이사님의 누님

설명: '누나'는 가족 간, '누님'은 높임 표현이에요.

41. 또 / 또한

예) 또 왔어. 그는 또한 의사이다.

설명: '또'는 반복, '또한'은 강조 연결이에요.

42. 일일이 / 일일히

예) 일일이 확인하다. (O) / 일일히 확인하다. (X)

설명: '일일이'가 맞는 표준어예요.

43. 여쭤보다 / 여쭈어보다

예) 선생님께 여쭤보다. (O)

설명: '여쭤보다'가 맞는 높임 표현이에요.

44. 도대체 / 도데체

예) 도대체 왜 그랬어? (O)

설명: '도대체'가 표준어예요.

45. 잠그다 / 잠기다

예) 문을 잠그다. 문이 잠기다.

설명: '잠그다'는 능동, '잠기다'는 수동이에요.

46. 걷다 / 걷히다

예) 빨래를 걷다. 안개가 걷히다.

설명: '걷다'는 직접 행동, '걷히다'는 상태 변화예요.

47 나가다 / 나아가다

예) 밖으로 나가다. 목표를 향해 나아가다.

설명: '나가다'는 장소, '나아가다'는 발전의 의미예요.

48. 시키다 / 시키키다

예) 밥을 시키다. (O)

설명: '시키다'가 맞는 표현이에요. '시키키다'는 비표준어예요.

49. 붙이다 / 붙다

예) 우표를 붙이다. 벽에 붙다.

설명: '붙이다'는 타동사, '붙다'는 자동사예요.

50. 되묻다 / 되물다

예) 질문을 되묻다. (O)

설명: '되묻다'가 맞는 표현이고 표준어예요.

부록 속 부록

한글 맞춤법 띄어쓰기 규정

1. 조사는 그 앞말에 붙여 쓴다.
2. 의존 명사는 띄어 쓴다.
3. 단위를 나타내는 명사는 띄어 쓴다.
4. 수를 적을 때는 '만(萬)' 단위로 띄어 쓴다.
5. 두 말을 이어주거나 열거할 적에 쓰이는 말들(겸, 내지, 대, 등, 및, 등등, 등속, 등지)은 띄어쓴다.
6. 단음절로 된 단어가 연이어 나타날 적에는 붙여 쓸 수 있다.
7. 보조 용언은 띄어 씀을 원칙으로 하되, 경우에 따라 붙여 씀도 허용한다.
8. 성과 이름, 성과 호 등은 붙여 쓰고, 이에 덧붙는 호칭어, 관직명 등은 띄어 쓴다.
9. 성명 이외의 고유 명사는 단어별로 띄어 씀을 원칙으로 하되, 단위별로 띄어 쓸 수 있다.

10. 전문 용어는 단어별로 띄어 씀을 원칙으로 하되, 붙여 쓸 수 있다.

> **TIP**
>
> 바른 맞춤법은 지식이 아니라 태도입니다.
> 작은 차이가 큰 품격을 만듭니다.
> 성인의 언어는 곧 그의 신뢰입니다.

에필로그

책을 읽는다는 것은 잠시 타인의 삶을 빌려 나를 돌아보는 일이다. 읽는 순간만큼은 그 사람의 눈으로 세상을 보고, 그 마음으로 고통을 견디며, 그 언어로 사랑을 고백한다. 그렇기에 독서는 늘 나를 조금 더 넓고 깊게 만든다. 나는 책을 통해 세상을 알았고, 사람을 이해했고, 나를 성장시켰다. 지금 이 글을 읽고 있는 당신 또한 아마도 비슷한 이유로 책을 찾고 있을 것이다. 때로는 도망치듯 책을 펼치고, 때로는 궁금해서, 또 때로는 아무 이유 없이. 그 모든 순간이 책을 읽기에 충분하다.

책은 화려하지 않다. 곁에 두고 있어도 존재를 드러내지 않으며, 손에 쥐어도 아무 말 없이 조용하다. 하지만 책은 언제나 나를 가장 잘 아는 친구처럼, 내가 필요할 때 곁에 있어준다. 가장 외로울 때, 가장 지쳤을 때, 가장 무너졌을 때도 책은 나를 배신하지 않았다.

이 책은 그런 독서의 기록이다. 어떤 날의 나는 힘겨워 책에 기대었고, 또 어떤 날의 나는 누군가에게 책을 권했다. 그 시간이 모여 지금의 내가 되었다. 그러니 당신에게도 말하고 싶다. 조금 느려도 좋다. 자주 멈춰도 괜찮다. 하지만 계속해서 읽어가기를. 삶이 버거운 날엔 책이 있다는 걸, 삶이 괜찮은 날엔 책이 더 좋다는 걸 잊지 않기를.

『독서를 쓰다』는 그렇게 읽고, 쓰고, 살아낸 당신에게 보내는 작은 응원이다.

독서로 쓰다

초판 인쇄 2025년 10월 13일
초판 발행 2025년 10월 20일

지은이 장하영
발행인 조현수
펴낸곳 도서출판 더로드
기획 조영재
디자인 디자인붐 정의도
주소 경기도 파주시 광인사길 68, 201-4호
전화 031) 942-5364, 5366
팩스 031-942-5368
이메일 provence70@naver.com
등록번호 제2015-000135호
등록 2015년 6월 18일
ISBN 979-11-6338-497-7 (03800)

파본은 구입처나 본사에서 교환해 드립니다.
이 책의 내용에 대한 재사용은 저작권자의 허락 없이 사용을 금합니다.

정가 18,000원
파본은 구입처나 본사에서 교환해드립니다.